高情商接话技巧

华 春 著

中国商业出版社

图书在版编目（CIP）数据

高情商接话技巧 / 华春著 . -- 北京：中国商业出版社，2024.4
ISBN 978-7-5208-2898-7

Ⅰ. ①高… Ⅱ. ①华… Ⅲ. ①语言艺术 – 通俗读物 Ⅳ. ① H019-49

中国国家版本馆 CIP 数据核字（2024）第 081532 号

责任编辑：陈　皓
策划编辑：常　松

中国商业出版社出版发行
（www.zgsycb.com 100053　北京广安门内报国寺 1 号）
总编室：010-63180647　编辑室：010-83114579
发行部：010-83120835/8286
新华书店经销
三河市吉祥印务有限公司印刷
＊
710 毫米 ×1000 毫米　16 开　12 印张　170 千字
2024 年 4 月第 1 版　2024 年 4 月第 1 次印刷
定价：59.00 元
＊＊＊＊＊
（如有印装质量问题可更换）

前言

会聊天的人，能把陌生人聊成知己，把难办的事聊出头绪。在聊天的过程中，接话、回话的能力非常重要。不论是商务谈判，还是与同事、领导沟通，会接话的人，容易得到别人的认可和尊重。这样的话，双方聊着聊着，就走心了，走心了，事儿就谈成了。

良好的接话与回话，能让人心情愉悦，也能赢得好感、打动人心，引发共情，使语言更具有说服力、影响力、同化力、感召力；良好的沟通应对能力能为我们的生活带来诸多便利，而本书，正是为了让读者活用这些沟通技巧。本书涵盖了多种沟通语境，包括生活对话、异性交流、朋友相处、工作交往等，回答了诸如如何婉拒、如何巧传心意等问题。本书以生活场景为落脚点，从小事入手，在不同场景中——做了列举，配合文字分析与讲解，由浅入深地将对话交流技巧展现出来。本书根据对话场合和对话技巧的不同，做了详细的内容分章，整体结构清晰明了，内容翔实，富有深度和内涵，以让读者更容易阅读、更容易学会沟通的技巧，文字通俗易懂。通过阅读本书，读者不仅可以了解中国的社交文化，还能从中掌握更得体、更因人而异的表达，避免社交过程中的尴尬，提升自己的情商，在谈话中彰显个人魅力。

本书一共分为七章，第一章为化解尴尬，避免冲突，第二章为餐桌宴会礼仪，敬酒发言，第三章为男女对话，第四章为非暴力沟通，第五章为职场、商务，第六章为接话素材积累，第七章为察言观色，注意礼节，全面描述了不同社交场合、不同环境下的接话技巧。通过阅读本书，读者朋友能从理论到技巧，知其然、知其所以然地知道如何高情商地接话。

　　囿于编者水平，时间仓促，虽小心求索，然挂一漏万在所难免，本书如有不尽之处，尚待各位读者朋友雅正，待再版之时，予以改正。接话要旨成册，以飨读者朋友。

目 录

第一章　化解尴尬，避免冲突……………………………… 1

1. 巧用幽默——一个玩笑，一笔带过 ……………………… 2
2. 给人台阶——在我这里，你很重要 ……………………… 5
3. 会打圆场——有我在，不用担心 ………………………… 8
4. 说话留有余地——滴水不漏，方能进退自如 …………… 11
5. 谨慎回答问题——对不同的人，回不同的话 …………… 14
6. 输出想法，形成互动 ……………………………………… 18
7. 口误之后，及时弥补 ……………………………………… 21
8. 三观不同，不如糊涂 ……………………………………… 24
9. 保持真诚，远离虚伪巧诈 ………………………………… 27
10. 克制自己的倾诉欲 ……………………………………… 29
11. 避免雷区 ………………………………………………… 33

第二章　餐桌宴会礼仪，敬酒发言……………………… 37

1. 用餐礼仪 …………………………………………………… 38
2. 劝酒有分寸，拒酒有方法 ………………………………… 43
3. 上级与下级之间敬酒 ……………………………………… 46
4. 长辈与晚辈之间敬酒 ……………………………………… 49
5. 平辈、平级、朋友之间敬酒 ……………………………… 52
6. 婚宴敬酒 …………………………………………………… 54
7. 商务宴敬酒 ………………………………………………… 57
8. 节日宴、生日宴敬酒 ……………………………………… 60

9. 战友会、同学会 ·· 63
　　10. 欢迎会、欢送会 ·· 65

第三章　男女对话 ·· 67
　　1. 情感对话 ·· 68
　　2. 职场对话 ·· 73
　　3. 普通朋友对话 ·· 80

第四章　非暴力沟通 ·· 86
　　1. 对抗恐惧心理 ·· 87
　　2. 控制说话的节奏 ·· 90
　　3. 稳定的情绪 ··· 93
　　4. 保持友好，但果决而坚定 ································ 96
　　5. 学会捧场，融入群体 ······································ 99
　　6. 多赞美——赞美要具体而真实 ························ 101
　　7. 寻找话题——从找熟悉的领域下手 ················· 103
　　8. 解决矛盾——委婉、客观、少批评 ················· 106
　　9. 拿到主导权，掌握沟通节奏 ·························· 109
　　10. 背后不说人——只赞美，不非议 ·················· 112
　　11. 拒绝——说"不"的权利及策略 ······················ 115

第五章　职场、商务 ·· 118
　　1. 应对上司的夸奖 ··· 119
　　2. 应对上司的批评 ··· 122
　　3. 下属心生抱怨，不配合工作 ·························· 125
　　4. 职位晋升——上级变下属，下属变上级 ·········· 128
　　5. 职场霸凌——被排挤 ···································· 131
　　6. 如何提要求、提意见 ···································· 134
　　7. 工作进度汇报 ··· 137
　　8. 与上司去谈业务，需要注意什么？ ················· 140

9. 招待客户，应该注意什么？ …………………………… 143
10. 客户当着上司的面称赞你，上司当着客户的面称赞你 …… 146
11. 与客户的线上交流，应该注意什么？ …………………… 149

第六章　接话素材积累 …………………………………… 152
1. 那些优秀的开场白 ……………………………………… 153
2. 饭局这样说，人人都喜欢 ……………………………… 155
3. 那些高情商，能说到人心坎里的话 …………………… 157
4. 让批评的话更悦耳 ……………………………………… 160
5. 能让人心悦诚服的话 …………………………………… 161
6. 求人办事时，让人难以拒绝的话 ……………………… 162
7. 对联、诗词、谚语、俗语 ……………………………… 163
8. 普世哲理、思想谋略 …………………………………… 167

第七章　察言观色，注意礼节 …………………………… 170
1. 注意倾听，倾听要专注 ………………………………… 171
2. 听懂弦外之音，及时反应 ……………………………… 173
3. 判断对方的性格，设置对话模式 ……………………… 175
4. 着装得体，仪态大方 …………………………………… 177
5. 餐桌禁忌 ………………………………………………… 179
6. 餐桌礼仪 ………………………………………………… 181

第一章 化解尴尬，避免冲突

对话交流的时候，不仅害怕尴尬、冷场，更担心因为误会发生冲突。所以我们在与人对话的时候，要尽可能注意自己的言辞，同时在必要的时候化解别人的尴尬、消除不必要的误会。本章旨在帮助朋友们建立良好的语言习惯，在社交活动中展现自身的才华、性格、德行，获取资源，得到友谊，将生活打造得更加圆满。

1. 巧用幽默——一个玩笑，一笔带过

幽默的种子扎根于我们每个人的心中，是可以通过学习来获取的。获取幽默的方式，一是掌握一些简单的方法；二是善于观察生活，并从中汲取营养，加以练习；三是调整自己的身心，让自身保持放松、自信、开朗的状态。这样，对话中自然就能够流露出幽默来。

技巧通关卡

用途： 化解尴尬，摆脱麻烦，表达立场，展示才华和智慧。

技巧： 自我调侃（拉近距离）、欲扬先抑（制造反差）、一语双关（委婉清晰）、巧用比喻（关联趣味）等。

优势： 让听者能够轻松有趣地进入领悟哲理的氛围之中。

注意： 找准时机，浅显易懂，引起共鸣，分寸到位。

禁忌： 不顾场合地挖苦和嘲讽；正面交锋。

情景对话

对话一：自我调侃

上司："你会喝酒吗？"
错误接话："不会。"
错误回话："会一点儿。"
高情商回话："我不太会喝酒，但我擅长倒酒。"

在恰当的时机，以退为进地贬低自己，将自己的短处主动暴露出来，避免别人来给自己"找碴儿"，或者让自己从某种困局中巧妙脱身。幽默的本意并不是自我嘲弄，而是"醉翁之意不在酒"，将锋芒对准自己，既不伤害别人，又使一些具有伤害性的话题变得妙趣横生，在欢乐的氛围中让自己更加平易近人。

对话二：欲扬先抑

甲："你今天看起来有点怪。"

乙："怎么怪了？"

甲："怪好看的。"

在众人看来都应该称赞的情况，但出乎意料地"先抑"，在别人思忖是什么状况的时候，又转"抑"为"扬"。这样能放松对话各方的情绪，把夸奖别人的话引人注目地说出来，让听者短暂地疑惑之后，很快又明白了当事人的意思。此类制造反差的方式，既让人虚惊一场，又给人轻松愉快的感觉。

对话三：一语双关

某人说某电视台主持人："眼睛小"。

错误回话："的确不大。"

高情商回话："万物都有裂痕，那是阳光照进来的地方。"

可以用谐音词，或隐含意思相通的事物，让话题中的某个事物和另一个表达意思更委婉、更明白畅销的事物关联起来，避免直接说明在语言上的匮乏感及其带来的尴尬。汉字中，可以运用的谐音很多，涵盖的内容也是多方面的。一语双关的材料，大多来源于生活，有灵感的时候也可以临场发挥，只要自然、风趣、不具冒犯性即可。

对话四：巧用比喻

当别人夸你太有才了。

错误回话："谢谢夸奖！"

高情商回话："才没有，还不是因为你有眼光，别人都没发现。千里马常有，伯乐却只有你一个！"

在幽默的语言技巧中，巧用比喻活泼生动，能制造出天衣无缝的滑稽效果。它的关键在于寻找相互关联的事物，把某一个平平无奇的事件，变得妙趣横生起来。这种比喻要自然得体、不露痕迹，给人出人意料，但又在情理之中的感觉。

知识小链接

幽默

幽默，属于美学范畴。以含蓄、机智、诙谐的方式，揭示生活中的某些矛盾或哲理，往往能令人发笑。幽默的审美特性在于，表现一个人善于发现的具有喜剧因素的能力。睿智的幽默，能够洞悉和艺术地揭示各种琐屑、卑微、自相矛盾的事物所掩藏的深刻本质，并加以戏谑、嘲弄，是人有智慧、才情的表现。

✓ 小贴士，讲道理

在日常对话中，幽默的接话与回话是有力的武器。适当的幽默，能帮助我们驱散冷场、尴尬，以及"来者不善"的阴霾，唤出快乐，使对话现场变得轻松有趣起来。幽默往往只需要简单的几个字，或简单的一个动作，就能让一触即发的纷争烟消云散，达到四两拨千斤的效果。

需要使用幽默技巧的时候，可能对话双方已经陷入尴尬、冲突的气氛中，或者对话各方不是很熟悉，彼此感到拘谨，等等。在使用幽默技巧的时候，语言不要太深奥，虽然有时候听者需要转个弯，但依旧要浅显易懂，不然就达不到抛砖引玉的效果，造成"砖"抛出去了，"玉"没有引回来的结果。如果你还没有掌握这个技巧，不要对它望而生畏。幽默，是刻在我们骨子里的天赋，平时多观察，在对话的时候慢慢练习，你会发现自己进步神速，进而感受到驾驭这种语言技巧的快乐。

2. 给人台阶——在我这里，你很重要

人际关系的核心与本质，就是礼尚往来。在对话中，常常会有因观点分歧导致矛盾的时候，也有因素日恩怨导致出言不逊的时候。这种时候，往往别人生气，自己也难堪。如果我们能在恰当的时机，给别人一个台阶，别人就顺着台阶下来。此时，松一口气的他，必然会感激你，或者化敌意为感激，增进与你的友谊和情感。

技巧通关卡

用途：中止争议，化解矛盾，缓和关系。
技巧：主动低头（得理饶人）、语言婉转（给人留面）、适时沉默（不揭人短）等。
优势：让人从尴尬的境地中走出来。
注意：要圆融大度，懂得判断气氛和形势，要能认可别人。
禁忌：步步进逼，锋芒毕露，口无遮拦，非要争个是非对错。

情景对话

对话一：主动低头

康熙年间，宰相张英收到了一封家书。张英老家的房子，因为一道墙，与邻居打起了官司，家人便写信向他寻求帮助。如果你是张英，你会怎么回复呢？

错误回复："我们是宰相之家，怎能受此屈辱呢？"
错误回复："该是谁家的就是谁家的，按礼法处理！"
高情商回复：回一首诗。
千里修书只为墙，让他三尺又何妨。
万里长城今犹在，不见当年秦始皇。

家人收到回信之后，感到异常羞愧，于是就把自家的墙拆掉，往后挪了三尺。邻居见堂堂宰相家都能主动低头，深受感动，也把自家的墙拆了，主动退了三尺。这样，两家之间就形成了一条六尺宽的巷子，这条巷子此后被称为"六尺巷"。张宰相的美名与高情商就这样流传了下来。有时候，主动低头，并不是认输，而是一种生活的智慧，是另寻出路的方法。在对话中，当对方有情绪，或者陷入偏执状态的时候，我们如果不能撤离现场，为了缓解双方的矛盾，可以选择主动退让，主动低头，是化解困局最快速有效的方法。

对话二：语言婉转

聚餐的时候，有人迟到。迟到的人说："抱歉，路上堵车，来晚了。"

错误接话："不提前规划，自罚三杯。"
高情商接话："遵守交通规则，应该表扬。来，入座！"

总有人喜欢说："我说话直，你别介意。"其实，以"说话直"为借口，不分场合地说别人有什么"问题"，是不考虑别人感受的行为。如此做法，只会让周围的人敬而远之。在日常交流和对话中，我们需要的是雪中送炭，而不是火上浇油。

对话三：适时沉默

当朋友A怒气冲冲地和你吐槽朋友B的时候。

朋友A："我今天被朋友B气坏了，她皮肤黑、个子矮，还要和我抢那条白纱长裙，她撑得起来吗？"
错误接话："（那衣服）确实不太适合她。"
高情商接话：给朋友A递瓶果汁或饮料，等她情绪平复。

"不在皮肤黑的人面前谈论肤色，不在个子矮的人面前谈论身高。"适时沉默，就是看破不说破，它是对他人最大的善意。在涉及他人短处的时候，在看到对方无精打采、对聊天不感兴趣的时候，在他人情绪极端失控的时候，适时的沉默，比能言善辩更能抚慰人心。

知识小链接

面 子

面子，俗称体面，它是一种心理感受。我们穿衣不仅为了御寒，还有遮羞的作用。我们努力工作，赚更多的钱，不仅为了吃饱，还为了辛勤劳动带来的荣誉和满足感。我们在跟人交往的时候，非常在意别人的看法，因为别人的看法反映的就是我们的面子。

✓ 小贴士，讲道理

给台阶，实际上就是给面子。人与人之间的情感是一种感觉，这种感觉是从双方的互动中得来的。对自尊心强的人来说，没面子的事会让他们介怀很久，而在适当的时候给他人台阶，就是保住了他人的面子。而有些喜欢占主导地位、性格执拗的人，不太喜欢听取别人的意见，容易在对话的过程中，发生激烈的争执，使大家陷入矛盾。在这个时候，给台阶是以退为进、解决问题最好的方式。

给别人难堪，是这个世界上最大的恶意。而给台阶下，则包含着许多情感，可能是善意，也可能是爱。在亲密关系中，发生矛盾的时候给爱的人一个台阶下，常常是化解冲突的良方：为了重归于好，我愿意为你改变，甚至愿意背负着一个本不属于我的错误，这是包容，更是爱。

3. 会打圆场——有我在，不用担心

打圆场，就是通过共情能力，把看起来令人尴尬、不愉快的事件，导向正面结果的方式。它需要找一个对话各方都认可、接纳的说法，四两拨千斤地将一场尴尬变为一个无伤大雅的小插曲。打圆场需要一个人有良好的情绪管理能力、灵活冷静的头脑、良好的共情能力，以及充满包容和善意的内心。

技巧通关卡

用途：救场，化解尴尬、矛盾或冲突，消除误会。
技巧：换个角度（导向正面解读）、类比同化（我们都一样）、给个交代（解释原委）等。
优势：转悲为喜，破冰突围。
注意：注意倾听，头脑冷静，扬长避短。
禁忌：视而不见，火上浇油，当场翻脸。

情景对话

对话一：换个角度

某电视节目知名主持人，在节目录制中，常常会遇到各种临时状况，他的应急能力是值得学习的。有一次，在录制节目时，一个女演员不小心将导演组送的口红掉到地上摔坏了，她紧张询问导演是否能把那段给剪掉。看到这一幕的主持人，不慌不忙地捡起口红，说："为什么要剪掉啊！这是一个很好的预兆，说明这个舞台将会大红大紫！"

此类事件不仅是在节目中，就是在生活中也很常见。比如，客人来家里，吃饭的时候不小心打碎了一个碗，我们常常会听到老人说"岁岁平安"，这是老一辈人的智慧，方法和主持人解释女演员掉口红一样，就是

换一个角度去解释一件本来不太好的事情，让它变成一件添彩头一样的好事。这样既能化解对方的尴尬、减少对方的负罪感，又能让气氛重回快乐，将对话继续向前推进。

对话二：类比同化

有一次，一位英国贵族在伦敦为印度的客人举办宴会，宴会结束后，侍者端来盛着清水的银盘。印度客人以为是饮用水，便端起来喝了。一旁的贵族客人大吃一惊，因为他们知道，这水是用来洗手的。如果你是宴会的主人，你会如何做？

低情商回应："抱歉，那是洗手的水。"
高情商回应：等客人喝完后，也端起盘子，将盘中的水一饮而尽。

在别人困窘的时候，能够挺身而出，化解别人的尴尬，是一个人最大的善意。因为这需要的不只是能说会道，还是能够设身处地地为他人着想，体谅他人的难堪之处。这份善意，既能温暖别人，也能展现自己的气度。人们可能会忘记"锦上添花"的人，但很难忘记"雪中送炭"的人。

对话三：给个交代

有一次，某节目主持人主持一个节目，请来一个长者。在交流的时候，那位长者无意间叫错了该主持人的姓名，而且说了好几次。观众和嘉宾的表情一度变得很尴尬，不知道该如何提醒那位长者，但主持人的做法却让人十分感动——他一次也没有打断过对方，脸上反而全是柔和的笑意。观众的议论声，还是让长者意识到自己的口误，但主持人立马解释说："大家可能不知道，老师十几年前就这样叫我了，这是我们之间的一个昵称。"

可以想象，现场紧张的气氛，因为主持人的解释很快就变得轻松愉快起来。他明白，长者第一次上节目，紧张在所难免，名字不过是一个代号，不让长者感到为难才是最重要的。以善意的方法，对他人的言行重新进行解读，是救场的重要方法。

知识小链接

共情能力

共情能力，指能设身处地地体验他人的处境，从而感受和理解他人心情的能力。这个能力是我们同情和理解他人的基础，如果不具备共情能力，将无法感知他人的情绪和痛苦。

✓ 小贴士，讲道理

无论是在工作上，还是在生活上，会打圆场的人总能在关键时刻救场。如果别人陷入尴尬的境地，或者你自己被带入尴尬的境地，用打圆场的方式就能避免事件彻底变成事故。因此，一个头脑冷静，能打圆场的人，在社交场合会不自觉地成为大家的主心骨，给人满满的安全感。

想要具备这种能力：首先，要有敏锐的觉察能力，能觉察到当前各方的情绪状况，判断当前的形势。而培养这种觉察能力的方法就是多观察日常生活中的各类事件；其次，要有灵活的大脑，快速地想出对策，这就要求我们有足够的阅历，或者通过读书多了解一些应对此类事件的方法；再次，需要有冷静的情绪，这能让我们在受到挑战或者刺激的时候，不被情绪左右，以至大脑失去思考的能力；最后，需要有一颗包容、博爱的心，这能让我们有勇气在关键时刻挺身而出。

作为成年人，有能力处理社交事故是其在人际交往中的一个重要的优势。

4. 说话留有余地——滴水不漏，方能进退自如

留有余地，就是不要擅自定论。在与人对话的过程中，我们要时刻提醒自己，说话要给自己留余地，使用弹性发言，避免使用含义绝对的字眼。说话滴水不漏，自己才能进可攻、退可守，不至于因为语言上的漏洞，出现一败涂地的情况。

技巧通关卡

用途： 避免犯错，建立成熟稳重的个人形象。
技巧： 逻辑周密（禁得起推敲）、弹性发言（有所保留）、量力而行（不揽活、不揽责）、与人方便（与己方便）等。
优势： 不留把柄，进退自如。
注意： 先想后说，符合常理，不大包大揽。
禁忌： 违背常理，自相矛盾，使用绝对的字眼。

情景对话

对话一：逻辑周密

一个年轻的发明家去拜访爱迪生，说："我一定要研究出一种万能溶液，能够溶解世界上所有的物质。"爱迪生反问："那你用什么容器来盛放这种万能溶液呢？"年轻人听后瞬间脸红了起来。

我们在说话的时候，切忌自相矛盾，这会触到很多人的"逆鳞"，因为人们很难信任一个说话都自相矛盾的人。说话前后不一致，容易引起他人的怀疑，甚至引起他人的反感，从而留下别人攻击自己的把柄，为自己留下隐患。因此，我们要时刻提醒自己，不要把话说得太满，否则自己很容易无路可退。

对话二：弹性发言

有两个推销员，推销同一款产品——螺旋状的袜子。

推销员 A："这种袜子弹性非常好，而且不抽丝。"说着，让顾客帮他拉长袜子试探袜子的弹性，并随手拿起一根长针，在绷直的袜子上来回划动，紧接着又点起打火机的，让火苗在袜子下面轻快地晃动，袜子也没有受损。

在他介绍完之后，顾客故意拿起针，只一划，袜子上就被划出一个洞来。原来，这种袜子并不是绝对划不破，只是顺着纹理划不那么容易划破而已，另一位顾客则拿出打火机准备烧烧看。

推销员 A 急忙说："这种袜子并不是防火的，我只是在证明它的透气性比较好。"虽然袜子的质量的确很好，但推销员 A 的言行已经影响到顾客的消费情绪了。

而推销员 B 则说："我用打火机烧袜子，是证明它透气性好，因为就算是钢，也是会磨损的。"

推销员 B 的介绍没有给天性爱挑刺的顾客留下可乘之机，顾客的注意力就放在促销的优惠价格和袜子的质量上了。推销员 B 的销售效果明显好于推销员 A，这是推销员 B 掌握了科学的推销手段——说话不说满。

对话三：量力而行

在现实生活中，常常出现这样的情况。

领导："这件事能做吗？"
下属："交给我，您就放心吧！"
领导："进展如何？"
下属："不如预期。"

水满则溢，弓满则折。我们说话的时候，也要懂得量力而行，留有余地。在现实生活中，把话说得过于绝对，容易把自己的后路堵死，造成无法收尾的地步。如果能正确评估自己的能力和现实情况，在接话的时候不能因抢功心切，就轻易立军令状，这样事情不如预期的时候就没有后路可退。而留有余地的话，反而能给人稳重的好印象。

对话四：与人方便

宋朝时，一个名叫苏掖的常州人，家中十分有钱，但他非常吝啬，在置办田产、房产的时候，经常不付足全款，有时候还会为了能够少付一点钱跟他人争得面红耳赤。他还喜欢乘人之危，在别人有困难、急需用钱的时候，压低别人急于出售的房产等物品的价格，从中牟取暴利。

有一次，苏掖正像往常一样，与对方争得不可开交，他的儿子忍不住说："父亲，还是多给一点钱吧！说不定哪天，我们儿孙辈也会出于无奈，卖掉这座宅子。到时候也希望人家能给一个好价钱。"

苏掖听完儿子的话，又是惊讶，又是羞愧，从此慢慢变得大方了起来。

相信大多数人说话做事，都不是以挑起纷争和仇恨为目的的。在我们占尽优势的情况下，应该给他人留有余地，与人方便。因为与人方便，就是与己方便。

✓ 小贴士，讲道理

说话留有余地，这个余地有时候是给别人的，有时候是给自己的，但终究是给自己的。当一个事情未来发展不可控时，要多想一条路预备着，万一到时候用上了呢！当一个人处在极端情况时，千万不要把对方逼进死胡同，而是给对方留一些余地，才不至于使对方因走头无路做出一些伤害人的事。

把话说得太满的人，会给他人一种华而不实，不可靠、不可信的感觉。把事做得太绝，容易把人逼到绝境，招惹仇恨。所以，我们在说话、做事的时候，都要留有余地，不把话说得太满，不把事做得太绝，这是生存之道。

5. 谨慎回答问题——对不同的人，回不同的话

任何时候、对任何人，都要注意保护个人隐私。在别人开口询问自己或亲朋好友的个人信息等私密信息时，并不需要有问必答。因为这些信息的泄露，有可能给自己或他人带来危险。如果不知道应该怎么办，可以根据问题的不同，做不同的回应；对不同的人，回不同的话。你可以礼貌地拒绝，可以给一个模糊的答案，也可以转移话题或冷处理。

技巧通关卡

用途：保护隐私，少犯错。
技巧：礼貌拒绝（温和明确）、模糊答案（不说细节）、转移话题（变相拒绝）、不做回应（冷处理）等。
优势：尊重自身的感受，保护自身的安全，训练谨慎的思维。
注意：态度温和，但有原则。
禁忌：过度敏感。

情景对话

对话一：礼貌拒绝

同事甲："你的工资是多少？提成和分红怎么算？"
朋友乙："你的银行卡密码是多少？"
路人丙："你爸妈是做什么的？一年收入多少？你爸妈在家吗？"

从小到大，你被此类问题困扰过吗？这些问题基本是一些不适合让外人知道的私密信息，但有些人会张口就问，可能他们不知避讳，可能他们纯粹就是好奇，但万一他们心怀不轨呢？与人说话时，我们需要保持礼貌，做到有问有答，但这并不包括回答个人的私密信息，以及带有侵犯性问题。如果问话超过边界或具有攻击性，你可以礼貌地拒绝他。例如告诉他：

"对不起,这个问题我不想回答你。"

或者说:

"对不起,你问得太私密了,我没有办法回答你。"

你的态度,一定要礼貌而坚定。礼貌,是为了展现良好的情绪控制能力,表示你有控制能力;坚定,是为了表明态度,表示对方问的问题不合时宜,并且你不会因为不做回答就感到气弱或愧疚,应该感到愧疚的是对方才对。

对话二:模糊答案

1. 面试的时候,遇到下面这个问题,你打算采用什么回话策略?

面试官 A:"你曾经在国外读过书,你对这个国家,以及这个国家的人有什么看法?"

2. 商务谈判的时候,遇到对方降价要求,你会怎么回话?

甲方:"单价需要再降百分之二十,没问题吧?"
错误回话:"可以。"
错误回话:"不行。"
高情商回话:"很难,但我们需要时间讨论。"

模糊答案,是指在给具体、明确的答案不合时宜的情况下,采用的回话策略。此类问题的共同特点是,不管你回答"是"还是"不是"都可能引发新的问题,造成不良后果。我们在回话之前,必须能明确判断哪些是需要模糊回复的,哪些是需要给出明确的回复的。

对话三:转移话题

遇到以下问题,你会怎么接话?

同事A："听说同事B离婚了，你说是为什么？"
熟人B："你可不能像××（共同的熟人）一样，你看他又小气，事儿又多。"

当涉及别人个人的性格、品性或隐私的时候，尤其是话题的主题是双方共同的熟人时，要避免犯"人后说人"的忌讳。在这个时候，不管怎么接话都不妥当，就可以采用"转移话题"的接话技巧。比如说：

"你今天的衣服很漂亮，哪里买的。"
"你最近备考，感觉怎么样？有把握吗？"
"对了，我们下个月聚餐，你想吃什么？"
…………

只要成功转移对方的注意力，话题转移成功了，你就可以避免直接对那些敏感话题做回复。

对话四：不做回应

你遇到过没有礼貌的提问吗？比如：

"你怎么变得那么胖了？"
"你怎么变得那么瘦了？"

对于一些没有边界、没有礼貌、没有分寸的话，你完全可以不予回复。有时候，表达愤怒不需要通过表情和语言，只要沉默，不做回应就是最好的回应。如果面对的是长辈，微笑点头回应即可。

知识小链接

隐私

隐私，是指隐秘的、不可以告诉别人的事情。我们的隐私权，是指我们依法享有不公开与其私人生活有关的事实和秘密的权利，它属于人身权中的人格权，受到法律的保护。不管是在现实生活中，还是在网络世界，我们都拥有自己的隐私权。

小贴士，讲道理

社交，是需要构筑防护墙的。在和别人对话的时候，我们选择怎么回复、要不要回复，往往因人而异。比如：

子路问孔子："听到一个好的主张，要马上去做吗？"

孔子回复："家里有父兄，怎么能自作主张呢？"

当冉有问同样的问题时，孔子却回复："当然应该马上去做！"

一旁的公西华看到孔子对子路、冉有的回复不一样，表示不理解，认为老师说话前后不一致。孔子说："子路轻率鲁莽，因此要抑制他一下。而冉有遇事谨慎，常常畏缩不前，因此鼓励他大胆一些。"

谈话的对象不同，回复的内容也是不同的。这一点，我们要有一个概念，不然接话的时候容易"无的放矢"。

6. 输出想法，形成互动

在与人对话的时候，有来有往，倾听别人观点、想法和经历，再适时地谈论自己，是营造良好氛围的关键。不管是人多还是人少，不管是熟人还是陌生人，只要产生对话，就需要对话内容来进行支撑。而内容的选择，在于对话各方是否能找到共同的兴趣爱好，是否能找到一个可以继续聊下去的话题。下面就让我们来学习一个让话题继续下去的接话技巧。

技巧通关卡

用途：营造氛围，打破冷场。
技巧：继续追问（开启对话）、多用"我也"（找共同点）、丰富内容（推进对话）等。
优势：展示自己，输出观点，建立松弛感。
注意：释放善意，专注视听，实事求是。
禁忌：不会倾听，只对谈论自己的事情有兴趣。

情景对话

对话一：继续追问

"请问您尊姓大名？"
"您是哪里人？"
"您准备在这儿待多久？"
"乘飞机来的本市吗？"

在社交环境中，刚开始会产生很多类似上面的问题，这些问题都只是为了破冰，让大家熟悉起来，因此不要认为对方一开始就会热情高涨。相互有基本的了解之后，慢慢深入对话，气氛好起来了，大家的热情也就高涨起来了。而深入话题比较好的方法，就是继续追问。这些问题不需要任何智慧，但它们能开启对话。

对话二：多用"我也"

在彼此陌生的饭局上。

一个人说："我很喜欢你们家乡的特色菜。"
错误接话："其实我觉得家乡菜没有什么好吃的。"
高情商接话："我也是。"

在说"我也是"之后，可以讲一讲你在美食方面的知识和经验，这样容易让对方感到亲切，与对方互动起来。假如对方说自己有某个爱好，而你刚好也有，你也要直白地把这一点告诉他。多用"我也"，能让不甚熟悉的两个人快速拉近距离。

对话三：丰富内容

A："目前在做什么呢？"
B："我在云南老家开了个店。"

如果你是A，为了让话题深入下去，你会怎么接话？
错误接话："我在云南也有两家店铺。"
高情商接话："在云南的什么地方？"

推进对话，就是让谈话继续进行下去。如果回答"我在云南也有两家店铺"，话题就会在这里停住，无法继续下去；而如果回答"在云南的什么地方？"，对方就必须回答你这个问题，从而保证话题继续推进。推进话题的一个关键，就是把注意力放在对方身上，而不是你自己身上，己方进一步提问，对方需要给予回应，话题就能继续深入。

知识小链接

冷　场

舞台上，演员或者主持人由于忘词、误场等，造成舞台演出的突然停止或者节目进行中无法接词。这是舞台演出以及节目进行中最忌讳的现象之一。在社交活动中，冷场也指没有人发言，大家都处在尴尬的沉默状态，导致出现现场气氛冷淡的现象。

✓ 小贴士，讲道理

人与人之间关系的本质是等价交换。要做这种交换的前提，是彼此之间拥有足够的信任。因此在互动的过程中，你从对方那里获得一些信息之后，需要给对方一些你的信息，或者你给对方一些信息之后，也可以适当地询问对方一些信息。

完全守口如瓶，不愿意输出自己的想法，不给出己方的信息，常常会让对方关闭原本为你敞开的大门。如果你只会输出，不接收对方传递的信息，没有耐心听对方说话，也会让对方感觉没有必要继续做输出，反正你没耐心听，从而关闭互动的大门。输出想法，也接收别人输出的信息，是对话过程中良性互动的基础。

7. 口误之后，及时弥补

说出去的话，就像泼出去的水。在人际交往中，接话的时候难免口误。虽然说覆水难收，但我们依旧可以做一些补救，避免分歧加重，引发误会或纷争。基于口误造成的问题，我们不要回避，因为这是每个人都可能遇到的问题，人们对此有较高的容错率，只要用适合的语言就能挽回一些面子。

技巧通关卡

用途：化解尴尬，弱化分歧。
技巧：自圆其说（以正改错），自我调侃（将错就错）、立即道歉（知错就改）等。
优势：展现自身的应急处理能力和机智的一面。
注意：保持镇定，迅速反应。
禁忌：狡辩（无理也要辩三分）、文过饰非。

情景对话

对话一：自圆其说

有两个音乐家在交谈的时候有以下对话。
音乐家 A："什么样的音乐最受人喜爱。"
音乐家 B："流行的。"

音乐家 A 听此，立刻投来质疑的目光。

音乐家 B 立刻补充道："我指的是流行音乐，大街小巷传唱的口水歌属于流行感冒，不在这个范畴内。"

自圆其说，是快速地转弯，通过补充说明，让一切合理化，把错误的言语引导成正确的结论。在这个过程中，要谨慎措辞，不然容易弄巧成拙。

对话二：自我调侃

将错就错，自我调侃一番，让大家一笑而过。比如：

"你看，我年纪不大，人已经痴呆了，大家就体谅体谅吧！"

自我调侃，其实是在变相地认错，自己给自己找一个台阶，同时也为别人释怀找一个理由。

对话三：立即道歉

十多年没见的老同学聚会上发生了这样一件事。

一位男同学打趣地问女同学："听说你的先生是大老板，什么时候请我们到大酒店吃一顿？"

他的话刚说完，女同学就感到不安起来。原来，女同学的丈夫前不久意外去世了，但开玩笑的男同学并不知道。旁边的同学暗示他不要说了，谁知男同学偏要说，旁边的同学只好告诉他真相。

男同学当下就感到无地自容，但他迅速回过神来，先是打了自己一巴掌，之后说："你看我这嘴，十几年了，还和学生时代一样没把门儿的，只知道胡说八道。该打！该打！"

女同学见状，虽然心中酸涩，但依旧原谅了老同学的唐突，说："不知者不为怪，事情过去很久了，就不提它了。"

在这里，男同学毫不含糊地道歉、快速地反应，给了女同学受伤的情绪一个台阶、一个出口。所以，他在获得女同学原谅的同时，也让自己从尴尬中解脱出来。所以，当你意识到自己说错话时，不要沉默或试图掩饰错误，应该立即纠正自己的错误，真诚地表示歉意。能知错就改，立即道歉，是很难让人再去计较的。

知识小链接

文过饰非

文过饰非，指用虚伪的言辞掩饰自己的过错。在一些无伤大雅的事情上，我们可以用一些方式将其扭转，让一切看起来更加有趣和美好。但如果我们的行为确实有失妥当，并对别人造成伤害，那么，果断地道歉是最好的选择。因为人都会犯错，及时道歉并纠正都能获得原谅，但如果为了一点面子，死不认错，还自以为聪明地文过饰非，就很难让人尊重和原谅了。

✓ **小贴士，讲道理**

在人际交往中，口误是很常见的事情，如何挽回自己的失言，体现了一个人的情商高低。一般通过道歉、解释、转移话题、自我调侃等方式，都可以完美处理。因此，在出现口误的时候，要保持冷静，不要过度慌张。

从心理建设上来说，你要相信自己是一个高情商的人，能够处理好各种人际关系。不管是通过日常经验总结出来的，还是通过阅读学习到的方法，都可以放到实践中，不断总结和提升自己。你要相信，没有人天生就是机敏又高情商的，这些都是需要经验和学习的，而你能够通过有意识的学习，获取相关的技能和知识。

8. 三观不同，不如糊涂

《道德经》中说："上士闻道，勤而行之；中士闻道，若存若亡；下士闻道，大笑之。"论道，三观相合者宜之。如果不是志同道合，三观有极大的差异，对话越多，越容易在观念上发生冲突，进而导致人际关系的冲突。所以我们在与人交谈的时候，如果遇到三观差异很大的对象，一定要及时收回谈话的欲望，中止谈话，或者不做深入交谈。

技巧通关卡

用途：筛选朋友，远离纷争，远离灾祸。
技巧：允许存在（不攻击，不否定），保留思想（不争辩，不说服）、不相为谋（远离，不共事）。
优势：能筛选、打造与自己价值观相符的朋友圈。
注意：做好自己，不计较胜负得失。
禁忌：乱倒苦水；非要辩个是非黑白；高高在上，看不起人。

情景对话

北宋名相富弼，在当时非常有名望，就连范仲淹、晏殊等人对他都充满赞誉。有一次，富弼外出，突然出现一个人将他拦下，并说了一些挑衅的话语，要求富弼回答自己一个问题，富弼不仅没有生气，还答应了对方的要求。

对方问："假如有人在大庭广众之下羞辱、谩骂你，你会怎么做？"
富弼回道："我会装作没听到。"

对方听了这个答案之后，露出不屑的神情，当场奚落嘲讽了富弼一番，然后大步离开。

富弼的属下看了忍不住问道:"此人对您出言不逊,您为何不反击呢?"

富弼笑了笑,回道:"对方性格张狂,和他争论,只会争论不休。就算最后我赢了,又有什么意义呢?"

面对挑衅自己的人,富弼并没有与之争辩,而是任其存在,"放其过去"。因为人的三观不同,所处的层次也不同,对待事物的态度也会不同。三观一致的人,可以碰撞出意想不到的火花,关系会越来越深厚,步调也会逐渐协调一致,很少出现矛盾。三观不和的人,或许第一眼会感觉不错,但在深入相处之后很容易缺乏话题,甚至发生矛盾,从而厌倦彼此。

知识小链接

三 观

三观,指人的世界观、人生观和价值观,它们相互联系、相互影响,共同构成一个人的基本信念和行为准则。世界观,是人对整个世界(包括自然和社会)的根本认识和态度,表现为哲学、宗教、艺术、科学等基本形式。人生观,是人对人生目的、意义、价值等的认识和根本态度,它影响并在一定程度上决定人们的道德行为和道德品质。价值观,是人对真、善、美价值的认识和追求,集中体现人的社会理想和人生理想。在阶级社会里,三观具有阶级性,不同阶级有不同的三观。

✓ **小贴士,讲道理**

人生四不

不与傻瓜论长短,
不跟糊涂的人讲道理,
不和三观不同的人论是非,
不要试图叫醒一个装睡的人。

人生三别

别乱倒苦水,
别喝得烂醉,

别为不值得的人流眼泪。
人生四大幸事
和聪明人交流，
和靠谱的人恋爱，
和积极的人共事，
和幽默的人同行。
人生若能如此——
足矣！

9. 保持真诚，远离虚伪巧诈

《韩非子》中说："巧诈不如拙诚。"人与人交往，是需要真诚的。我们在与人交谈的时候，要尽可能保持真诚坦率的态度，这样才能让人感到可信，我们也会因为真诚而心怀坦荡。虚伪巧诈也许能带来一时的好处，但终究是会露馅的。相反，如果我们的言行举止能表现出我们真诚的良好品质，便能赢得别人的爱戴和友谊。

技巧通关卡

用途：获取信任，获取尊重，获取认可，获取友谊。
技巧：坦率真诚（减少烦恼）、言而有信（不轻易承诺）等。
优势：无愧于人，也无愧于己。
注意：稳重，不轻率，不妄言。
禁忌：阳奉阴违，自欺欺人，虚伪表示（心口不一）。

情景对话

对话一：坦率真诚

北宋词人晏殊，十四岁时参加殿试，宋真宗给他出了一道题。

晏殊看完题后，便对宋真宗说："陛下，这个题目10天以前我已经做过了，如今草稿还在。请陛下再出一个吧！"真宗见晏殊如此真诚，感到他应该是一个可信的人，便赐他"同进士出身"。

做人真诚才不容易有烦恼，不管是对自己，还是对别人，发自内心是最好的状态。虚情假意的对话，不但无法让别人感到欣喜，还会令自己因为违背本意而心生不快。坦率真诚才是做人的本色，说自己愿意说的话，真诚做人，才能收获快乐。

对话二：言而有信

春秋战国时期，商鞅为了推行变法，在南城门外竖了一根 3 丈高的木头，并许诺：谁能把木头搬到北门，赏金 10 两。围观的人都不相信能够轻易就得到如此高的赏赐，所以，没有一个人肯出手一试。

于是，商鞅把赏金提高到 50 两。有一个人想："反正试试也不会损失什么。"便将木头扛到了北门。商鞅立刻赏了他 50 两黄金。商鞅的举动，让他在百姓中间树立了威信，他推行的变法很快就在秦国推广开来。

与人交往，言而有信是非常重要的。答应了一件事情，就承担了与此相关的责任。因此，我们不要因为不好意思之类的理由，轻易做出承诺——尤其对那些我们无法做到或不愿意去做的事。

知识小链接

虚伪表示

虚伪表示，属于法律概念，指表意人与相对人之间存在通谋，共同故意做出与内心真实意思不一致的意思表示。在这种表示中，表意人与相对人都知道表面上的行为并不是他们真正的意图，这种表示在法律上通常被认定为无效。例如，一个人为了逃避债务，与另一个人通谋，假装将财产赠予对方，但实际上并不希望这个赠予发生法律上的效力，这种情况就属于虚伪表示。

小贴士，讲道理

在现实生活中，我们每个人都被自身的社会地位、家庭背景、工作职位、学识高低等影响。这层外在的包装，让人与人之间的交流与沟通就产生了距离。如果能撕开这层包装，除了性格各不相同之外，人与人之间在人格、尊严、生存需求等方面都是无差别的。如果我们能以这种"无差别"的"内在真我"与人真诚地沟通与交流，是对他人最大的尊重，也将获得更多的尊重、信任与信赖。

所以，真诚不只是一种信念，更是一种社会经验。金无足赤，人无完人，我们不需要做完美的人，但真诚却是与人对话、建立良好社交的基础。由此可见，我们在与人对话的过程中，但凡接话，都要用心对待。

10. 克制自己的倾诉欲

我们每个人都有倾诉欲，也有爱好八卦的天性。但是，在你准备社交之前，在你准备与人展开对话之前，你首先要知道，哪些东西是可以展开聊的，哪些是需要保护和隐藏的。很多个人信息，比如熟人的八卦、个人情感状况、家庭状况等，都不是好的主题。因为你说出去的那些信息，可能成为谣言的材料，被人篡改得面目全非，最后引火烧身，给你或他人的生活带来困扰。

技巧通关卡

用途：避免被造谣、被中伤，避免对他人造成伤害。
技巧：谈天说地（尽量不谈及个人）、背后说是不说非（尽量避免评述相熟的人）、不说感情问题（不透露感情纠葛）、不说家庭问题（不透露家庭好坏）等。
优势：谣言止于智者——不透露信息，谣言就失去原料。
注意：不谈论自己，也不谈论别人。
禁忌：交浅言深，造谣，八卦。

情景对话

对话一：谈天说地

回想一下，你和别人聊天一般都聊些什么？是关于人的八卦，还是关于天气、新闻、旅游之类跟个人——尤其是熟悉的人无关的事情？

如果是前者，那你可以尝试做如下练习：

"最近我在××地方吃到一道菜，非常好吃……"
"最近上映了一部电影，听说非常好看，我们什么时候……"
"西藏风景很美，我们做个攻略，找个时间自驾游如何？"

如果无必要，尽量少说：

"你觉得××这个人怎么样？"
"我家最近鸡飞狗跳的，我告诉你……"
"我和男朋友（老公）吵架了，因为……"

大多数社交对话，是不适合用来谈论私人的事情的，即便是很好的朋友、亲人，也不适合什么话题都分享。如果对话双方关系普通，你要避免过多谈论自己的私事，当对方谈论自己的私事，而你觉得不太妥当时，尽量避免做出某种评价，尽可能暗中转移话题，把话题引到更健康的方向。

对话二：背后说是不说非

背后说人，说是不说非。如果硬要说，那就只说"是"、不说"非"。比如，别人问你"某某人怎么样"。

你可以说：

"他是一个非常有原则的人。"
"他为人义气。"
"他很友善。"
"他很慷慨。"

不要说：

"他太小气。"
"他这人精神有毛病……"
"昨天他出了个大糗……"

在谈论别人时，我们要尽可能避免议论别人的是非。如果话赶到那里，必须说点什么，也尽量说"是"而不说"非"。在你与人说别人是非的时候，与你交谈的人也许会想："他能在我面前议论别人，会不会也在别人面前议论我。"这样，会给人不好的印象。

对话三：不说感情问题

"我男朋友出轨了……"

"我和男朋友吵架了。"

"我老公在外面有了一个孩子……"

"我打算离婚了。"

如果不是非常亲密的朋友，就不要将自己的感情问题，尤其是感情纠葛告诉别人。爱八卦是大多数人会有的心态，但不管是说八卦，还是听八卦，如果不建立良好的心理秩序，就容易陷入争端、不良的揣测和风言风语之中。

对话四：不说家庭问题

"小的时候，父母对我不好……"

"我家境不错，爸爸是×××，妈妈是×××……"

"我的母亲有××疾病，这是家族遗传的……"

我们可能认为，家庭问题，只要不是不能对人言说的，都可以毫无保留地告诉别人，甚至将其当作一种谈资。但其实，不是每个人都对世界、对你抱有善意的。有的人仿佛在关心你，殷勤地探听你的个人信息，可能背后藏有不良的意图。所以，当有人试图了解你家庭的情况时，要保持警觉，避免过多地透露家庭内部的信息。

知识小链接

倾诉欲

倾诉，是表达情感、寻求支持的有效方式。倾诉欲过强，是因为自己过度依赖他人的倾听和理解，从而频繁地向他人倾诉自己的问题和情感，这可能导致自我沉溺，让他人疲劳，给自己和他人带来负面影响。当我们意识到我们倾诉欲过强的时候，不要过多地去责备自己，但应该积极地寻求改变。你可以通过自我认知、寻找适当的倾听者，进行自我调节。如果还是不行，你还可以寻求心理医生的帮助。直到我们可以逐渐实现情感表达的平衡和健康，同时保持良好的人际关系和心理健康。

✓ 小贴士，讲道理

　　记住，寻求心理医生的支持，并不是丢人的事情。就像生病要看大夫一样，寻求心理医生的帮助，是正常而合理的需求。

　　通过心理医生的帮助，我们能够重建内心的秩序，掌握我们的情绪，找回我们的理智，从而控制我们的言行。通过心理医生的帮助，我们能够提升自我认知。我们可以对自己的行为进行客观的观察和反思，了解自己倾诉的动机和频率，解决内心真正的需求。自我认知是改变的第一步，它能帮助我们意识到存在哪些问题，为后续的行动铺平道路。通过心理医生的帮助，我们可以掌握自我调节的能力。倾诉欲过强，往往是因为无法控制自己的情绪和倾诉冲动。

　　在情绪高涨的时候，往往更需要倾诉，但这样的倾诉并不理性，也不具建设性，它会带来许多负面影响。对此，可以通过深呼吸、冥想来缓解情绪，通过写日记来释放倾诉欲，等情绪彻底冷静之后再选择是否倾诉，以及如何倾诉。

　　另外，我们多专注于负面情绪较少事物，比如电影、旅游、健身等，这些事情不仅能丰富我们的生活，减少我们内心的焦虑，净化我们的内心，还让我们有一个坚定的"内核"。

11. 避免雷区

在对话的过程中，如何接话才能避免雷区，是一个需要思考的问题。首先，我们要懂得尊重他人，不打压别人；其次，要懂得欣赏别人，认可别人，尽量少去否定别人；最后，要平等地看待你的交流对象，不要争强好胜，不讲道理。这些，都要求我们理解和包容他人，因为简单直白的否定，是不具备教育意义的。

技巧通关卡

用途：健全人格，成为一个"自我实现者"；避免树敌。
技巧：不打压人（尊重他人）、少否定别人（认可别人）、不争强好胜（平等待人）等。
优势：树立良好的个人形象，建立良好的人际关系。
注意：与人为善；己所不欲，勿施于人。
禁忌：骄傲自满，目中无人，逞口舌之利。

情景对话

对话一：不打压人

打压式交流，你遇到过吗？你对别人做过吗？比如：

"你看你，不知道了吧！"
"你还是太年轻，什么都不懂。"
"你看，你一个大学生，连这都不懂？"

为什么会有打压式交流呢？这样做的人，或许认为自己是在教育别人，或者只是为了显示自己能干、强大、博学多才。他们会找一些理由来合理化自己的行为，比如"我说的都是事实啊""我不会虚头巴脑、拐弯抹角那一套""我把你当作自己人"。但我们要清楚一点：真正的强者，从不以打压、贬低他人来彰显自身的价值。

对话二：少否定别人（认可别人）

下面哪一种情况能让你瞬间沉默？

（情况一）

孩子："我项链丢了。"
母亲："你就会丢三落四，当初就不应该给你买那么贵的东西。什么都拿不住！"

（情况二）

女儿："妈，我没考好。"
母亲："老早就告诉你不要紧张，告诉你好好复习，你就是不听！"

（情况三）

好友A："有一个女孩，本地人，我很喜欢她。"
好友B："本地人很多都排外，就算人家女孩想和你在一起，她的父母肯定不会同意的。"

（情况四）

好友A："我打算开一家游戏公司。"
好友B："游戏公司风险大，你们团队人数有限，很难保证将来不出现危机。"
好友A的游戏公司出现危机后：
好友B："你看，一开始我就劝过你，你就是不听我的，才导致今天的结果……"

我们每个人的视野都是有限的，我们看待世界和他人的观点，也仅限于个人经验和认知，这种经验和认知是没有对与错的。即便我们走得稍微比别人远，看到的风景稍微比别人多，我们也应该考虑：别人走的路，也许并不是我们走过的那一条；别人看到的风景，也并非我们曾经看到的那些；别人想到的东西，或许并不比我们想到的那些差。我们的成长是失败和时间堆积起来的，也要允许别人拥有失败和成长的空间。

对话三：不争强好胜

在办公室里，老李公布了一个好消息。

老李："我儿子高考640分，报考了清华大学。"

老张抢话道："640分，也就一般。听说今年清华大学录取分数线高，报考清华够呛！"

小黄见气氛不对，立马说："今年能考640分非常了不起！我一个朋友，他家孩子今年高考才560多分，您儿子真棒！等孩子上了清华，咱们都登门贺喜！"

接着，办公室里的祝贺声此起彼伏，老李也沉浸在喜悦之中。老张则被众人冷落，一句话也插不上了。在适当的时候，说适当的话，不要因为争强好胜，或一时的心理不平衡与嫉妒，就说一些没用又伤害别人感情的话。

知识小链接

自我实现

人本主义心理学家马斯洛提出，人有五种不同层级的需求，依次为生理需求、安全需求、社交需求、尊重需求和自我实现需求。马斯洛说，自我实现是人的最高需求，包含丰满人性的实现和个人潜能的实现。自我实现者的人格特征一方面是疾恶如仇，另一方面是包容人性的脆弱。虽然自我实现者极少，但这样的人是坚强、强大的人。

> **小贴士，讲道理**
>
> 　　我们的一生，都在与别人不断地玩投射与认同的游戏。在这个过程中，我们影响并改变别人，也被别人影响并改变。在与人交流的过程中，切忌以自我为中心，切忌取笑、逗弄或讽刺别人，切忌自我炫耀，切忌口若悬河，切忌随意插嘴，切忌居高临下，切忌节外生枝……
>
> 　　与人交流的时候，在来来往往的对话中，我们获取信息，对对方做出判断，进而决定与对方的社交深度。如果我们对社交雷区完全不做了解和准备，很可能出现社交问题而不自知。

第二章 餐桌宴会礼仪，敬酒发言

我国在用餐礼节方面有很多讲究。在敬酒、发言的时候，有一些默认的规则、习惯的传统需要遵守；在相互聊天过程中，如何接住对方的话也至关重要。本章整理了一些宴会场合饭桌上沟通、发言相关的内容，可供朋友们在各种场合参考使用。

1. 用餐礼仪

在餐桌上，大家身份不同，有"主"、有"宾"、有"陪"，有上级、有下属、有同事、有长辈、有晚辈。不论如何，大家都希望能吃得尽兴、喝得尽兴、聊得尽兴。因此，轻松、和谐的氛围是非常重要的，而这一点的实现，离不开规范的用餐礼仪。"礼仪"，讲的是规则、方法和度，是我们在上桌，成为桌上的一分子之前应该了解的东西。

技巧通关卡

用途： 宴饮有礼，宾主尽欢。
技巧： 餐前礼仪到位、席位安排得当、点菜有方、敬酒有度、餐具使用规范等。
优势： 饭桌宴饮不失态、不怯场。
注意： 头脑清醒，尊卑有序，不谈生意。
禁忌： 醉酒失态；含着食物说话；拉帮结派，窃窃私语。

情景与技巧

技巧一：餐前礼仪到位

如果迟到，最迟不应该超过 15 分钟。
不慎迟到的话，可以说：

"很抱歉，迟到了！路上堵车厉害，怪我，思虑不周全，我自罚三杯，向大家道歉。"

如果主宾迟到表示歉意时，你是主人家，应该怎么说呢？

错误接话："没关系，请坐！"

高情商接话:"我知道你最近忙,能够抽出时间赴约已经很难得了。迟到在所难免,我们都理解。"

高情商接话:"我们正谈论最近那部热门电影呢,你有没有看过?"

参加宴会、聚餐,应尽可能提前或准点到场。到场后可以与其他人交谈,交谈时注意力要集中,别人说话的时候也要认真倾听。落座之后,视线不要回避对方,双方应该用友好的眼神接触。

技巧二:席位安排得当

中餐席位安排:

分主次,分宾主,遵循"面门为上,以右为尊"的原则。

主位置:一般在酒店的酒桌上已经做了标记——玻璃杯中,用布绢叠的鸟,鸟头朝向就是主位,坐东道主。东道主是饭桌上的主人,他需要送迎客人、添菜、埋单等。

宾位:分布在主位左右两侧。主宾位在主位右侧,坐整张桌子最重要的贵宾;副宾位在主位左侧,坐整张桌子重要的贵宾。

陪宾位:安排在客人身侧,人数可根据客人多少适当安排。陪宾是东道主邀来陪伴客人的人,身负重任,负责活跃气氛、掌握节奏,要满足宾主双方的需求,注意酒水餐食是否到位。

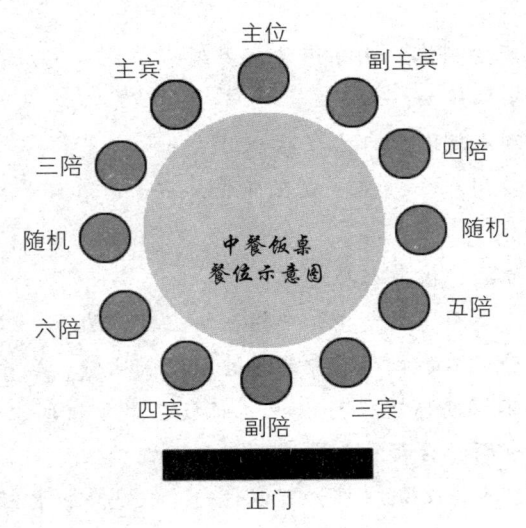

中餐饭桌餐位示意图:

- 主位
- 主宾 / 副主宾
- 三陪 / 四陪
- 随机 / 随机
- 六陪 / 五陪
- 四宾 / 副陪 / 三宾
- 正门

西餐席位安排：

女士优先：女主人，主位；男主人，第二主位。
以右为尊：男女主宾分别紧靠女主人和男主人，男主宾坐于女主人右侧，女主宾坐于男主人右侧。
排位方式：男、女，生人、熟人，交叉排位。
主次位置：距主位近的位子高于距主位远的位子，面对餐厅门的位子高于对餐厅门的位子。

技巧三：点菜有方

点菜人：主陪方、埋单者、领导、尊者。
上菜顺序：
中餐：酒水+冷盘—热菜—甜食—水果。
西餐：开胃菜（坚果，小块鱼、肉）、面包（鲜面包、烤面包）、汤（红汤、白汤、清汤）、主菜（鱼、肉）、蔬菜沙拉、点心（饼干、馅饼、三明治、通心粉、土豆片、烤土豆）、甜品（布丁、冰激凌）、水果、咖啡。

技巧四：敬酒有度

从身份最高的人依次开始，不好控制就按顺时针或逆时针来一圈。如果有不喝酒的人（老人、女士、孩子），要为其添加饮料或茶。

（1）第一杯酒要斟满，由东道主起身敬客。他人不应在东道主敬酒之前敬酒，避免抢主家风头。
（2）自己为别人倒酒，自己在后。
（3）碰杯时要用双手，左手放在杯底，右手拿着杯子，端杯稍比别人低，以示尊重。
（4）人家敬你酒，被敬人应起立。
（5）别人为你添酒，用食指和中指在桌上轻叩两下，以示谢意。
（6）起身走动，不要从人家身前通过，应该从椅子后背绕过。
（7）遇到酒不够的情况，可以把酒瓶放在桌子中间，让大家自己添，不要一个一个地倒酒，后面的人没酒了会很尴尬。
（8）自己敬别人。如果碰杯，可以说句"我喝完，你随意"方显大度；

如果不碰杯，也不要比对方喝得少，因为这是你在敬别人。

（9）别让自己的酒杯空着，一般别人看到你的酒杯里没酒，就会过来给你倒酒。而且在宴会结束后，一般有个闷杯酒，酒杯空着的话，可能会措手不及。

（10）与不熟悉的人在一起喝酒，要先打听一下对方身份或是留意别人对其如何称呼，做到心中有数，避免出现尴尬的局面。

技巧五：餐具使用规范

中式餐具使用：

（1）忌敲筷子。
（2）忌横竖交叉摆放。
（3）忌插筷子。
（4）忌筷子打架。
（5）忌舞筷子。
（6）给人夹菜，注意使用公筷。
（7）不要翻菜。

西式餐具使用：

（1）几道菜会放置几套刀叉，每套餐具使用一次。
（2）刀叉由外向内取用。
（3）切割食物时，双肘下沉，不可弄出声响。
（4）左叉右刀。
（5）英式吃法是一边切割一边叉食，美式吃法是一口气把餐盘里的食物全部切割好，然后把餐刀斜放在餐盘前方，将餐叉换到右手取用食吃。

餐巾使用：

（1）双腿并拢，将餐巾平铺在大腿上。
（2）正方形餐巾，对折成等腰三角形，直角朝向膝盖方向。
（3）长方形餐巾，对折后，折口向外。

（4）用餐期间与人交谈前，应先用餐巾轻轻地擦一下嘴。

（5）用餐期间离开餐桌，将餐巾放于椅子上，表示暂时离开。

（6）用餐完毕离开餐桌，将餐巾随意折叠后放在餐桌上的餐盘左方。

知识小链接

窃窃私语

窃窃私语，即私下悄悄地说话，是因不敢或不能公开发表不同意见而悄悄进行的交流，又或者是在饭桌宴会、会场等场合私下说一些无关的话。在饭桌宴会，或者大家一起交流的时候，最忌讳与人窃窃私语，这是非常不礼貌的行为，是对在场其他人的不尊重。我们如果有什么话，可以过后私下交流，在群体活动中应杜绝窃窃私语的行为和习惯。

小贴士，讲道理

在宴席中，拨头发、弄衣服和涂唇膏等动作只可在洗手间进行，不论用餐前、用餐途中，还是用餐后，都要避免此类行为。如果需要补妆或整理仪容，可选择上菜的中间空当，向身旁有对话的人小声说明即可。

在饭桌上，要学会察言观色，尽量保留实力和注意说话的分寸。这样，既不会让别人小看自己，又不会过分地表露自身。有适当的机会，可以慢慢展现自己，既不让人小瞧，也不会给人喧宾夺主的感觉。

用餐的时候，不要一个人独占自己喜欢的食物，否则会给人没有礼貌、小家子气的感觉。也不要只顾低头吃饭，要倾听大家的谈话，适时地加入大家的谈话中。别人与你交谈时，要保持专注力，认真倾听。同时，要学会关心身边的人，对他们进行适当的嘘寒问暖——一杯酸奶、一杯热水、一条热毛巾，都可以体现你的关心。

2. 劝酒有分寸，拒酒有方法

敬酒，分为正式敬酒和普通敬酒。正式敬酒是指宴会一开始的时候，主人先向大家集体敬酒，同时说祝酒词的敬酒方式。这种敬酒一般会提前做准备，时间会长一点，但祝酒词通常要在5分钟内说完。而需要根据实际状况做临场发挥的，大多是普通敬酒，这种敬酒多数是一对一的敬酒类型。下面，我们就普通敬酒的技巧和方法做一些阐述。

技巧通关卡

用途： 活跃气氛，展现热情。
技巧： 适度劝酒（知进知退）、喝酒不强求，分场合、看时机。
优势： 宾主尽欢。
注意： 察言观色，见势而为。
禁忌： 频繁劝酒，"以酒论英雄"，强迫式劝酒。

情景对话

对话一：适度劝酒

"来，王总，我们喝一杯，祝你心想事成！"
"来，王总，再喝一杯，祝你升职加薪。"
"来，王总，我们再喝一杯，认识你很高兴。"
……
"王总，啥也不说了，再来一杯。"

"以酒论英雄"的时代已经过去，超过60%的人对频繁劝酒表示反感。如果不合时宜地频繁劝酒，很可能彻底得罪人，破坏原有朋友之情。有的人不论喝的是红酒、啤酒还是白酒，即便喝的是高度白酒，依旧频繁劝酒，这是很让人反感的事。劝酒应该适度，对女士、酒量不怎么好的人更是如此。还有人自己喝饮料，却频频劝别人喝白酒，这是非常失礼，惹人生气的行为。

对话二：喝酒不强求

给客人敬酒时，全桌人都说"他不会喝酒"，或者他本人说自己"不会喝"时，应该怎么做？

错误接话："不喝酒，这不是不给面子吗！"
高情商接话："只要感情深，喝啥都是酒。您以茶代酒，我们喝一杯，这是我们对您的敬意。"

"不喝就是不给面子"，是不好的习俗，在新时代，我们需要更尊重别人的感受。也许是不会喝酒，也许是健康、用药、过敏等因素不能喝酒，我们要知道，喝酒是对身体健康有影响的，我们不能，也不应该强迫别人喝酒。这是对别人的尊重，也是对别人的关怀和爱护。

对话三：分场合、看时机

小杨："张总，敬您一杯，欢迎来到××。您的到来，让我们非常激动。"
张总："谢谢，谢谢！感谢你们热情招待，让我感受到无比的温暖。"

张总喝完，杯子还没放下，小李走过来。

小李："张总，初次见面，很高兴认识您。敬您一杯，干杯！"

注意，此时张总刚和小杨喝完，杯子还没放下、菜还没吃一口，小李就来敬酒，是非常不合适的行为。正确的做法应该是，殷勤地为张总倒酒，但不急于敬酒，等气氛热络，大家彼此熟悉一些之后，再找机会敬酒。不合时宜地敬酒，不看场合地敬酒，只会让人反感。

知识小链接

酒精过敏

　　酒精过敏的人，轻则出现皮肤红肿、瘙痒、起疹子等症状，重则会出现呼吸困难、喉头水肿、休克等严重反应，甚至还可能导致头痛、头晕等神经系统症状，损伤肝脏，引发胰腺炎。除了未成年人禁止饮酒以外，有许多人群是不适合饮酒的，比如酒精过敏的人、服用药物的人，等等。因此，如果在饭桌上有人拒绝饮酒，我们应该尊重他们的选择，不要强迫他们饮酒。

小贴士，讲道理

　　在饭桌上敬酒，是我国流传已久的传统社交方式，但这种思想应该与时俱进。现在的我们应该明白，饮酒并不是社交的必需品。我们要知道，适度饮酒，可以帮助我们放松身心，增加社交氛围，但它并不是社交的核心。

　　我们想与他人建立良好的关系，并不一定需要饮酒。我们可以通过交流、共同参与活动等方式来建立彼此之间的感情和联系。同时，拒绝饮酒并不意味着不给面子，为了自己的健康和安全，贯彻适量饮酒的原则，在别人劝酒的时候，说明自己的情况，是合理并且能够得到理解的行为。不要因为不好意思，就强行喝酒。在别人拒绝的时候，我们也需要尊重他人的选择和决定，不要强迫他人饮酒。这样，才能共同打造和谐的餐饮氛围。

3. 上级与下级之间敬酒

公司聚餐的时候，上下级之间相互敬酒在所难免。不论是下级敬上级，还是上级带领大家共同敬酒致意，都需要主动把握时机和分寸。在敬酒的过程中，可以表感谢、表祝福、表态度，总之都是对过去的赞誉与对未来的美好期待。这样可以增强团队成员的群体凝聚力，鼓舞士气，为未来的工作打下良好的基础。

技巧通关卡

用途：提升好感，增进感情，展望未来。
技巧：表感谢、表祝福、表态度等。
优势：增强上下级之间的凝聚力。
注意：积极主动，真诚坦荡。
禁忌：傲慢。

情景对话

对话一：表感谢

如果你新加入团队，向越级领导敬酒的时候可以这么说：

"领导您好，我是××部门×××。作为新成员，很荣幸能加入咱们公司这个大家庭。感谢领导给我这个机会，在今后的工作中，还请领导多多批评指导。您随意，我干了！"

如果你进入公司有一段时间了，向领导敬酒的时候可以这么说：

"这杯酒我敬您！一是这么久了，大家一直都想跟您好好喝一杯，今天如愿了。二是无论是工作还是生活，您都非常照顾我们，借这个机会要好好感谢您。三是祝您身体健康，合家欢乐！"

如果在公司年会上，你是公司领导，可以说：

"非常感谢各位同事，在过去一年里，你们为公司做出了巨大的贡献。今天，这杯酒，是我代表公司对你们的感谢，你们辛苦了。"

感谢，是每个人都乐意听到的话语，这不仅说明别人看到了我们的付出，也证明了我们的价值。所以在敬酒的时候，表示感谢就是对对方的肯定。

对话二：表祝福

表示祝福，是最能让人欣然接受的事情了。向敬酒的时候，你可以说：

"今天很荣幸能跟领导一起吃饭，我敬领导一杯，希望领导工作顺利、身体健康、生意兴隆。"

"今天领导能抽出宝贵的时间前来赏光，我倍感荣幸。为了感谢领导莅临，我们一起敬领导一杯吧。"

这时，高情商的领导也可以接话：

"祝你们在今后的工作中，大展宏图，一帆风顺。"

"祝你们事业有成，家庭幸福。"

对话三：表态度

向领导敬酒的时候，也可以表表态度，比如：

"没有您的英明领导，就没有我们的今天，请领导放心。我们一定会好好工作，在您的带领下做出辉煌的业绩。"

如果你是领导，听到这样的表态一定会非常高兴的，这表明聚餐的目的——凝聚团队力量——达到了，此事后就应该将大家的表态推进一步，比如说：

"好！咱们共同努力，再创辉煌。"

知识小链接

群体凝聚力

群体凝聚力，属于社会心理学术语。指群体成员希望留在群体内的愿望。它的特点是：大量参与共同活动；成员间沟通多；高度评价群体内的其他成员；满意度高和士气高；群体成员彼此之间有强烈影响。具有高凝聚力的群体成员的心理感受，表现为对群体的认同感、归属感和力量感。群体凝聚力产生的条件是：目标一致、志趣相投、心理相容和互补，有共同对抗外界的压力与威胁的意愿等。一般用成员彼此间的吸引力来进行衡量。

小贴士，讲道理

在上下级之间，有时酒是一个沟通媒介。在彼此放松的环境下，可以用酒来拉拢彼此间的距离，消除彼此间的隔阂，可以相互倾诉、相互倾听、彼此表达观点。

多少烦心事，都付笑谈中；多少芥蒂、恩怨、矛盾，也可以在杯酒之间释怀。

如果有一方因为身体健康或其他原因不能喝酒，应该给予充分的体谅和空间，效果依旧不会因此打折扣。所以，我们不需要强迫自己喝酒，也不要强迫别人喝酒。

4. 长辈与晚辈之间敬酒

我国的敬酒文化非常繁杂。在古代，辈分不同，就连喝酒的酒杯都是不一样的。如今，虽然不会有那么多繁文缛节，但辈分不同的人之间相互敬酒还是有一定讲究的。不管是晚辈敬长辈，还是长辈回敬晚辈，都需要遵守一定的规则。高情商的祝酒词，一定是让人心情愉悦的。

技巧通关卡

用途：加强互动，增进情感。
技巧：长辈提酒、晚辈回敬、聆听教诲等。
优势：让长辈和晚辈之间产生更深的关联和羁绊。
注意：长幼有序，言语谨慎。
禁忌：插话，语无伦次，态度散漫。

情景对话

对话一：长辈提酒

在酒局开始的时候，一般由长辈最先提酒。长辈提酒的时候可以说：

"各位晚辈，感谢你们一直以来对我们这些老人家的关爱和关心。在此，希望你们能够继续进步，成为有用之才。同时祝你们前程似锦，事业有成！"
"祝你年轻有为，事业有为，四季平安，合家幸福。干杯！"
"祝你学业有成，金榜题名。"

长辈提酒的时候，可以根据不同的场合拟定敬酒词。总体来说，开局提酒注意要祝福大于教诲，回望过去的同时展望未来。不要一开场就教育后辈，这样会影响酒宴的气氛。

对话二：晚辈回敬

晚辈向长辈回敬的时候，可以说：

"祝您老福如东海长流水，寿比南山不老松。"

"感谢您一直以来对我的关心和教导，您的经验和智慧是宝贵的财富。祝您身体健康，幸福长寿！"

注意，回敬的时机不能在长辈敬酒以后马上回敬，一般等酒过三巡、菜过五味的时候，晚辈才可以找机会开始向长辈敬酒。敬酒的时候态度尊敬，祝福语最好简短明了。另外，给长辈敬酒以后，一定要给长辈倒满酒再走，别让长辈自己倒酒。

对话三：聆听教诲

酒喝多之后，话就多，长辈都希望晚辈可以有更好的发展，一般都会趁着酒兴，对晚辈进行思想上的教育。比如说：

"你可不能再贪玩，好好工作，要上进。"
"结婚了，要多顾家……"

此时，晚辈应该耐心地聆听，不要表现出不耐烦的样子，即便长辈说一些批评你的话，也应该予以理解。这样，老少便能和睦相处。

知识小链接

祝酒词

正式敬酒时，主人先向大家集体敬酒，并同时说标准的祝酒词。这种祝酒词内容可以稍微长一点，但也需要在 5 分钟之内讲完。如果没有提前准备祝酒词，到时候或许不知道该说什么，可能会长篇大论，让大家听得云里雾里的。因此在参加宴席之前，可以提前做一下准备，在发言的时候也要精简一下。这样，既不会显得话太多，也不会让他人听了云里雾里，抓不住重点。

小贴士，讲道理

中国的传统文化中，讲究孝道精神，这在我们今天，也是基本的道德规范和社会要求。但长辈与晚辈之间，有一定的代沟和隔阂，彼此相处，需要一定的技巧，才能和谐相处。

晚辈的敬酒词应该表达对长辈的尊重和感激之情，同时表示对他们身体健康、幸福长寿的美好祝愿。长辈对晚辈的敬酒词，则应表达美好的期许和祝福。晚辈在给长辈敬酒的时候，必须双手端杯，碰杯的时候自己的酒杯要低于长辈的，敬酒时不能一饮而尽，要等长辈开始喝了晚辈再喝。喝完后，还要手拿酒杯和对方对视一下。这体现的是自己对长辈的尊重。另外，作为晚辈，不必说太多的话，言多必失，只要用肢体语言表达出对长辈的敬意即可。

5. 平辈、平级、朋友之间敬酒

向和自己身份平等的人敬酒，表现出自己的真诚与尊重很重要。平辈人之间，容易相互对比、相互攀比，如果自己能适当地谦让退步，与此同时表现出慷慨大方的性情。这样既不会让人小看，又不易树敌，还能吸引更多同性情的人来到自己的身边。

技巧通关卡

用途：表达情感，建立情谊，拉近距离。
技巧：平辈讲感情、同事讲支持、朋友讲陪伴。
优势：建立彼此之间的紧密联系。
注意：真诚、尊重。
禁忌：打压对方，说话含沙射影，发泄积怨。

情景对话

对话一：平辈讲感情

"祝你事业有成，家庭美满。"
"祝你财源广进，步步高升。"

与平辈敬酒，富有感情的敬酒词可以加深感情，拉近彼此的距离。很多简短的敬酒词，都能表达我们对平辈的尊重和祝福。

对话二：同事讲支持

"一杯小酒不会醉，祝你越喝越智慧。"
"与你同行，是我最大的幸运。敬你一杯，愿我们未来更加辉煌！"
"亲爱的同事们，感谢大家在工作中的支持和帮助。我们一起并肩作战，让我收获良多。愿我们的团队越做越强，事业越来越红火！"

在向同事敬酒时，可以根据现场情况和对方的性格、喜好等进行适当的调整，让敬酒词更加贴切、真诚。

对话三：朋友讲陪伴

"愿我们的友谊天长地久，生活更加美好。来，干杯！"

"这杯酒，要敬一直陪伴在我身边的你。因为有你，我的生活才更加精彩。"

"愿我们的友情就像这杯酒，澄澈透明，永不褪色。"

"感谢你的支持与陪伴，愿我们的关系就像这杯酒一样，越久越醇。"

"与你相识，是我的荣幸，愿我们友情长存。"

向朋友敬酒时，要表示自己很荣幸认识对方，感谢对方对自己的陪伴，表达自己对彼此关系的珍视和期待。

知识小链接

积　怨

积怨，是指长期结下的怨恨。《折狱杂条》中说："人之积怨含怒，与日俱深，良可寒心。"积怨久了容易成恨，亲人、朋友、同事之间，要尽可能避免积怨成恨的事情发生。一些误会或心里的结，都可以借助敬酒的机会化解掉。通过酒杯里的酒，通过敬酒词中的美好祝愿，所有恩怨都可以得到化解。

✓ 小贴士，讲道理

在酒桌上，平辈亲人、平级同事以及朋友之间的敬酒，总体可以采用"找理由，送祝愿"的方法。找到一个敬酒的由头，比如缘分、感谢等，也可以借助现场环境中的因素，找个理由，表达自己的祝福。

如果能结合对方的特点来敬酒，就更能贴近人心，甚至增加趣味性。比如，敬一桌人中的唯一女性，可以说："你是'万绿丛中一点红'，现场就你一位美女，不仅学问高，而且漂亮、身材好，绝对是我们现场所有人的女神。来来来，我一定要敬一下我们的女神！"

在敬酒的时候，我们要尽可能用一鼓作气法，即语言利落流畅，神态大方得体。不要因为不自信就猥琐、害怕。要知道，同桌的都是平级、同事、朋友，彼此尽兴、气氛热闹才是关键。

6. 婚宴敬酒

在大喜的日子里，高朋满座，爱人在侧，是最喜不自胜的场景。婚宴，是一个非常重要的场合。在一场婚宴中，不同的人以各种身份聚在一起，有的是亲人，有的是朋友，有的是同事，但大家聚到此处的共同目的，都是对这场婚宴的主角——新婚夫妻表达祝福之情。在这里，不同角色的敬酒方式都是不同的。把握好婚宴酒桌上的敬酒词，能让婚礼现场锦上添花。

技巧通关卡

用途：祝福新人，感谢亲朋，庆祝大婚之喜。
技巧：宾客送祝福、伴郎解万难、新人表谢意。
优势：宾主尽欢。
注意：新人为大，以新人为中心。
禁忌：喧宾夺主。

情景对话

对话一：宾客送祝福

作为宾客，受邀参加别人的婚礼，当面送祝福的时候，要力求简短精悍。比如：

"祝二位新人永结同心，白头偕老。干杯！"

要注意，整个酒宴的主角是新郎、新娘，不管是私下的交谈，还是酒桌上的祝酒，都应当围绕新人进行。如果你坐的是主桌，一定要先向新人敬酒，然后再根据辈分一一敬酒。

对话二：伴郎解万难

在挡酒的时候，伴郎可以以进为退，将气氛活跃起来的同时，将新人的酒婉拒回去。比如，可以用以下这些方式活跃气氛：

伴郎："感情到位，不喝也醉。"
伴郎："春宵一刻值千金，留酒一杯贺新郎。"
伴郎："只要感情有，什么都是酒。"
伴郎："只要关系好，不在酒多少。"
伴郎："酒逢知己千杯少，想喝多少喝多少。"
伴郎："危难时刻显身手，我帮兄弟喝杯酒。"

在整个婚宴中，伴郎是一个重要的角色，发挥着重要的作用。伴郎既是新郎的贴身管家，又是迎亲骨干。在敬酒的时候，伴郎要勇往直前，为新郎排除万难，这考验的不仅是伴郎的胆识和酒量，还有伴郎说祝酒词以及应对宾客的能力。

对话三：新人表谢意

宾客从四面八方会聚到一起，送来对新人新婚的祝福，新人需要向嘉宾表示感谢。新郎可以说：

"今天，我很荣幸能够与心爱的新娘×××步入婚姻的殿堂。感谢各位来宾的见证和支持，谢谢你们！"

"感谢今天到场的每一位朋友和亲人，你们的祝福和见证让我们的婚礼更加完美。感谢各位！"

在婚礼仪式举行完毕之后，新娘新郎还需要一一向各桌亲友敬酒，表示感谢。新人要按来宾的背景，决定敬酒顺序。在主桌上，新人要先敬女方父母和男方父母，再敬其他长辈，祝酒词的表达既有感激之情，也有深深的祝福。吃一点菜之后，然后再从两家的长辈亲戚、父母的同事，以及自己的朋友、同学、同事——敬酒，表达感激之情。

知识小链接

主婚人

主婚人，指为新人主持婚礼的人。古时候一般由男方家长、族长来担任，现在一般会请新人长辈中德高望重者来担任这个重要的职务。主婚人主要负责发表"新婚训词"，也就是嘱托新人，对成家后的新人提出要求等，同时要表达主人感谢来宾的到来。一般情况下，新人的父母很少做自己孩子的主婚人。

小贴士，讲道理

新婚敬酒，是我国婚姻礼俗不可缺少的部分。新婚敬酒，一切都以喜庆、欢乐和祝福为主。宾客向新郎新娘敬酒，表达的是祝福，因此不能一味地劝酒，活跃气氛是关键，但也应该考虑到新人应酬多，不要以闹婚之类为借口，灌新人酒。

伴郎伴娘在为新郎新娘挡酒的时候，也要注意不要冷脸，尽量幽默诙谐地把过多的敬酒化零为整、化多为少，做到"挡酒不挡喜"。年轻人之间，还可以用一些活泼的词语，开一些无伤大雅的玩笑，增添婚礼的乐趣。

在大喜的日子里，主办婚礼的主家，要尽量既少喝或者不喝，又让宾客尽欢，让现场气氛活跃喜庆。

7. 商务宴敬酒

在商务宴会中，我们可以通过祝酒词来表现自己，并借助它达到我们在商务上的目的。商务宴会的目的一般都是明确的，不论是客户答谢宴，还是产品发布会，必须达到目的才算成功。在此类商务宴会中，祝酒词最好大方得体、目的明确，再把握恰当的气氛和时机直奔主题。

技巧通关卡

用途：促进合作，增加人脉资源，寻找商业机会。
技巧：大方得体（观感良好）、目的明确（关键不在酒）、直奔主题（不拖沓）等。
优势：凸显我们的能力和实力，获取更深入的合作和发展。
注意：着装正式，心理重视，状态松弛。
禁忌：拖沓，抓不住重点。

情景对话

对话一：大方得体

商务宴会敬酒发言的时候，要大方得体，用语正式、热情，不要太过口语化。这样能体现商务宴的格调，给来宾带来更好的体验。比如：

"大家下午好！首先，我代表××公司全体员工，对到场的所有嘉宾表示热烈的欢迎，同时对你们的到来表示衷心的感谢，谢谢你们在百忙之中来到这里，与我们相聚。"

商务宴会的嘉宾，一般都是通过请柬等正式邀请来到宴会的，他们本身就是同行或者合作方，对宴会也是充满兴趣的。对他们表达真诚的感谢和热情的欢迎，能让他们尽快融入宴会浓郁的氛围中。

对话二：目的明确

不管是什么类型的商务宴会，关键都不在酒，因此说敬酒词时目的一定要明确。比如：

"今天的宴会，是为了庆祝我们新品的诞生，它们是国际优秀的设计师根据国内外消费群体的需求，设计出来的。相信会受到广大消费者的喜爱。"

在类似商品发布会的宴会中，应该突出展现商品优势，表现顾客就是上帝的基本理念，尽可能在夸赞来宾的同时，将自己的产品推荐出去。

对话三：直奔主题（不拖沓）

在气氛烘托到一定时候，祝酒词就应该直奔主题了，这样才能让来宾彻底融入现场气氛。比如：

"让我们举起酒杯，祝××产品今春大卖！"

在商务宴会上，祝酒词就像先进的武器，在某种程度上决定着商业活动的成败。进入主题之后，不必转弯，简洁明了地切入主题最好，最后再次向来宾表示感谢即可。

知识小链接

请　柬

请柬，通常指以书面形式邀请别人出席或参加活动的卡片。在古代，喜事发请柬，丧事不发请柬，"仅遣一人沿街大呼……客即闻声而至"。在商务宴会中，虽然有口头邀请的，但在比较正规的邀请中还是需要利用请柬等进行书面邀请。收到别人的邀请之后，需要进行答复。你给我一个邀请，我对你的邀请进行答复，这就是礼尚往来，答复一般以感谢为主。

小贴士，讲道理

　　商务宴会持续的时间一般比较长，中途需要离开的时候，不需要一一道别，只要跟身边一两个人说一下，然后跟宴会主人简短地打个招呼就可以了。为了不要打扰别人参加宴会的兴致，如果没有必需的理由，尽可能不要提前离场，处理不好会让其他来宾提前离场。

　　同时，在举办商务宴会的时候，主办人要根据自身的实际情况邀请来宾，不要让宾客的身份和地位差距过大，这样大家才能更好地接触。差距太大的话，会造成别人不来，或者来了也尴尬的局面。

　　最后，商务酒宴是比较正规的场合，一定要遵守餐桌礼仪，保持清醒的头脑，不要让自己喝醉或者有其他失礼的表现。

8. 节日宴、生日宴敬酒

我们有悠久的历史文化，有丰富多彩的节日宴和生日宴等民间庆典活动。这些庆祝特定日子的方式，是传承和展示中华文化的重要途径。在这些庆祝活动中，亲朋好友齐聚一堂，祝福的话语少不了。那在这些活动中，应该怎样说祝福语，怎样接话回话呢？下面就让我们一起探讨一下吧。

技巧通关卡

用途：纪念（过往的人事物）、庆祝（某个特殊的日子）。
技巧：节日宴会按传统（遵守习俗）、生日宴论长幼（分年龄）。
优势：增强家庭（团体）成员的凝聚力和认同感，弘扬传统文化。
注意：饮酒适度。
禁忌：醉酒失态，言语不合时宜。

情景对话

对话一：节日宴会按传统

在春节、中秋等传统佳节的庆宴中，人们欢聚一堂，添菜备酒，庆祝一个大有来由的节日。在这个过程中，敬酒的环节必不可少。那么，哪些敬酒词在此时可以派上用场呢？比如：

春节敬酒："敬你一杯酒，祝你在新的一年吉祥如意，步步高升，财源广进，合家欢乐，万事胜意！"

中秋敬酒："祝您中秋节快乐，生活如诗如画，美满如意！"

在节日宴上，祝酒词应该包含真诚、美好的祝福，这是人们未来美好生活的开端。

对话二：生日宴论长幼

不同年龄段的庆祝重点和庆祝方式有所不同，在敬酒词上也会有所差别。比如：

百天宴敬酒："祝愿宝宝健康快乐地成长，每天开开心心。"

周岁宴敬酒："宝贝，在你周岁之际，愿你的童年充满欢笑和阳光，愿你的未来前程似锦。干杯！"

儿童生日宴敬酒："宝贝，生日快乐！祝你身体健康，学习进步！"

青年生日宴敬酒："××，生日快乐！祝你事业正当午，身体壮如虎，干活不辛苦，浪漫似乐谱。干杯！"

老人寿宴敬酒："寿酒斟满杯，祝您老人家福如东海，寿比南山，多福多寿！"

年年岁岁花相似，岁岁年年人不同。人们以"庆生"的方式来表达对亲人朋友的祝愿，在生日这一天，邀请亲朋好友聚在一起，为寿星安排宴席，这是人们对个人人生的美好记录和庆祝。

知识小链接

抓 周

抓周是一种民俗活动，指小孩子周岁的时候，陈列各种玩具和生活用具，任其抓取，用来预测其一生的性情和志趣的活动。比如：孩子抓到一本书，意味着孩子未来喜欢读书，可能在学业上会有所成就；孩子抓到算盘，意味着孩子未来精通算术，也许是一个经商的好苗子，等等。抓周有一定的流程，各地因风俗不同其流程可能略有不同，供孩子抓周的物品也种类繁多。

✓ **小贴士，讲道理**

自古就有"无酒不成席"的俗语，可见酒在盛宴上担当着重要角色，不管是节日庆典，还是生日宴会，以酒助兴，可以使气氛更热烈、感情更融洽。

在古代，饮酒是一项很庄重的礼仪活动。在现代，饮酒礼仪传承了下来，但过去饮酒太过的弊病也被现代人认识到，所以但凡节庆宴会，饮酒都重尽"兴"，而不是尽"量"。而酒宴中需要喝醉才能达到的目的，现在有很多方式可以达到。比如：善言辞的，可以畅聊；嘴甜的、心甜的，敬酒时可以多说吉祥祝福的话语；有才艺的，可以在适当的时机展现自己的才艺，娱乐娱乐，营造气氛；等等。因此，我们不要对饮酒多少太过执着，不去强求别人多喝，自己也量力而行，高兴了就好。

9. 战友会、同学会

战友、同学之间，是除兄弟姐妹之外最难能可贵的友情关系。相互之间的情感，是日复一日的相伴获得的，彼此之间也有可靠的情感维系。但在分别之后，如果不相互联系，感情就会渐渐变淡。战友会、同学会，不仅能够增进彼此的情感，还能在各自的发展中相互整合资源，寻找共同发展事业的机会和可能性。

技巧通关卡

用途：回顾往昔，沟通感情，寻找商机，丰富生活。
技巧：准时赴约（不迟到）、重在感情（不在利）。
优势：加强战友、同学彼此之间的纽带关系。
注意：真诚。
禁忌：虚情假意，利大于情。

情景对话

对话一：准时赴约

准时赴宴给人的印象非常重要，因此参加宴会一定要提前规划和安排，尽量避免迟到的事情发生。如果提前到场，可以和已经到来的伙伴一起聊聊天。如果因为特殊原因迟到，应该及时道歉并解释原因。

错误说法："哎呀，你们来得也太早了，大家都这么积极的吗？"

高情商说法："很抱歉，迟到了！路上实在太堵，我绕远了才过来。给大家赔罪，我自罚三杯。"

一般情况下，彼此都是老战友、老同学，不会在迟到的小事上不依不饶，但如果能大方地处理这个令人尴尬的小插曲，也是一件可以加分的事。如果迟到时间太久，一定要电话联系，说明情况，再说出大致到达的时间，免得战友和同学担心、焦急、费心等待。

对话二：重在感情

战友会、同学会，回顾往昔，畅聊未来，彼此之间最重要的是感情。应该多说一些增进彼此情感的话语，多说别人的优点。比如：

高情商敬酒："同学们，相聚是缘，相识是福。在这美好的时刻，我向大家敬一杯酒。愿我们的友谊天长地久，生活步步高升，快乐永远相伴！"

高情商敬酒："战友们，我们共同经历了难忘的岁月，今天是我们的团聚时刻，让我们为我们的友谊举杯！"

在这样的场合，不要去做一些破坏感情的事、不要去说伤害人的话，比如乱喊别人的绰号、取笑别人、说别人过去的糗事等让人不自在的事情。

知识小链接

人 脉

人脉，也就是人际关系，指与他人的密切交往关系，能体现一个人的人缘和社会关系，是需要通过各种渠道达到的领域。我们生活在一个长期互动和血缘、地缘关系的社区之中，不管什么行业，人人都会使用人脉，都需要人脉。

✓ 小贴士，讲道理

战友情、同学情，重在情义，而不是利益。战友、同学因为多年的相识，都让人有一种值得信赖的感觉。但战友、同学之间，不是有事需要帮忙才找对方，也不是不需要就不用联络，彼此之间的战友情、同学情是需要联络才会加深的。

过年过节的时候，通过通信工具问个好，询问一下对方近来的工作、学习情况，同时介绍一下自己的情况，互相交流一下。平时战友、同学有困难，能帮忙的都尽量伸出援助之手，不要自己需要别人帮忙的时候才找别人。同学会，该去就去，不要平时不见人，临时又找人。如果平日不联络感情，即便认识多年，但因为中途断联系比较久，突然找人帮忙是很冒昧和突兀的。

10. 欢迎会、欢送会

欢迎会、欢送会是我们日常生活和工作中比较常见的人际活动，以职场为例。在职场中，新同事来到、旧同事离开都是频繁而正常的事情，此时是否参加欢迎会、欢送会，就要根据对方与你工作关系的紧密程度，以及你们两人之间的工作交情来决定了。

技巧通关卡

用途：联络感情。
技巧：欢迎会联络感情、欢送会感谢过去。
优势：维系同事情谊，有始有终，不留弊病。
注意：友善，随和，有原则。
禁忌：傲慢，不可一世，搞小团体，喧宾夺主。

情景对话

对话一：欢迎会联络感情

欢迎会，在于联络感情，期待未来合作愉快。如果你是欢迎会的主导人，可以说：

"欢迎×××加入我们的团队，为我们带来新的思想和血液。来！为这个美好的开始，干杯！"

是否参与欢迎会，取决于所处环境的传统、规定和新人与自己工作的关系密切程度。如果你是人事、直属领导人，就有必要参加欢迎会，让新人感受到自己是被接纳和重视的，给其带来力量和信心。

对话二：欢送会感谢过去

欢送会，在于表示对过去合作愉快的感谢，要表现出对对方的欣赏、不舍和祝福。在饭桌上可以说：

"×××即将离开我们的团队，今天我们用这杯酒为他（她）饯行。"转向对方，"感谢你在这里的付出和努力，希望你的未来步步高升、一帆风顺。"

若对方是你的助手或更亲密的拍档，你可能还需要在同事为其举行的欢送会完毕之后，私下再请对方吃一顿饭，或是送个纪念品，表示你的感谢和祝福。

知识小链接

搞小团体，有害无益

搞小团体，是指在团队内部拉帮结派、打压异己的行为。工作，最忌讳公私不分。如果出现公私不分的同事或领导，会搅乱团队工作，削弱团队力量，导致人心不稳。在团队中，搞小团体绝对有害无益。如果你真的和某个或某几个同事投缘，可以在私底下成为朋友，但绝对不能把两个人的友好关系放到工作中来，导致对对方的偏袒，对他人的不公。通常，一个爱搞小团体的人，被认为是不值得信赖的人。

✓ 小贴士，讲道理

职场犹如猎场，在和同事的相处中，如果你太过友善、随和，容易给人弱者的印象。这种弱者影响不但不会得到认可，还会招惹麻烦。但如果太过跋扈、太过高傲，一朝得志就不可一世，也容易树敌，得不到团队同事的真心协助。最好的办法就是友善、随和，但有原则，它是我们在职场中工作顺畅、人际关系良好的法宝。

在公事上，面对自己的同事，即便这个同事是你欣赏的人或者是你的朋友，都需要保持公正，奖罚分明，不要产生"算了，大家共事这么多年"的想法。在处理问题的时候，首先自己内心公正，其次态度诚恳，就不怕对方会会错意。如果在这件事上，彼此都能达成一致的想法，那私底下就依旧可以做朋友；如果想法无法达成一致，就算私下不能再做朋友，也不要影响工作。

第三章 男女对话

不管什么关系的男女,很多对话都会跟同性之间有所差别,因为男女之间的思维方式、心理需求和社交习惯都是不一样的。男性可能更希望得到认可,女性可能希望得到关爱和呵护。在彼此交流的过程中,如何更好地展现自己,获得对方的好感,又或者在面临分歧、敌意的时候,如何巧妙地化解,都是一门值得研究的学问。

1. 情感对话

你想象中的情感是什么样子的？你会和什么样的人相爱？不管是在线上，还是在线下，两人对话时，你是否能游刃有余？下面，我们汇总一些常见的男女对话模式，让你知道哪些回复能显出一个人的高情商。

（1）线上对话

情感男女线上对话的时候，一般都是比较轻松的。这是双方培养感情、增进了解的机会。线上对话的时候，双方有可能会相互问一些比较敏感、具体的问题，我们在提问或接话回复的时候，可以参考以下技巧。

技巧通关卡

用途：加深了解，破除误会。

技巧：诚实（心口合一）、拒绝贴标签（不被随意评价）、真诚（可靠）等。

优势：找到一个从精神世界到日常生活都与自己相合的情侣。

注意：保持情绪稳定。

禁忌：花言巧语、相互指责、油腔滑调。

情景对话

对话一：诚实

如果有人问："你心目中的理想伴侣是什么样的？"你会怎么接话？

错误接话："无条件对我好的。"

高情商接话："我理想的伴侣是善良、有责任感的，当然和我也要有共同的兴趣爱好。你呢？"

在和男女朋友交流的时候，应诚实地说出自己的想法，尤其是面对一些原则性问题的时候，一定不要为了迎合对方，说出跟内心想法相反的话。遵从自己的内心，用合适的话语将自己心中的答案表达出来。如果口不应心，在后续的相处中，还是会出现问题。

对话二：拒绝贴标签

当别人说"你真是物质"的时候，你该怎么接话。

错误接话："明明是你小气，还说我物质。"
高情商接话："你说我物质，是指我不配吗？"

不论跟谁相处，不要随意给别人贴标签，比如"物质女""小气男"之类的。不要随意让别人给你贴标签，如果有人给你贴标签，应马上表示反对，将自己的情绪和诉求都表达出来。

对话三：真诚

如果有人问："你平时喜欢听什么类型的音乐？"

错误接话："你喜欢的就是我喜欢的。"
高情商接话："我喜欢听流行音乐和轻音乐，觉得很放松。"

适当的幽默，是情侣间的情趣，但如果经常在回话时自以为高情商地油腔滑调，会给人油滑、不可靠的感觉。尤其在相识初期，不油腔滑调，是真诚的基本表现。

知识小链接

己所不欲，勿施于人

想要发展一段长久的关系，一定是相互的，这时候真诚就显得尤为难能可贵。在男女关系里，真诚的基础就是"己所不欲，勿施于人"。在你要求对方的时候，你可以想一想：换作对方要求自己，你能不能答应？或者想一想：我这样要求他，那我反过来可以为他做什么？男女之间虽然很难做到双方绝对平等，但在心理层面，应该是平等的。想要彼此付出大于想要彼此索取，才是健康的感情状态。

✓ 小贴士，讲道理

在学习表达能力的时候，我们要学习的是高情商的说话方式，而不是撒谎的方式。所以不管是处理情侣关系，还是其他关系，高情商的接话方式可以增强交流效果、合理保护我们的隐私。我们要灵活但不偏颇、高情商但不油滑欺诈。

让自己做到这一点，最好的方法就是静下心来，询问自己两个问题。一是自己想做什么样的人？二是自己学习高情商接话的目的是什么？将这两个问题思考清楚，就有了良好的心理基础，后续学习才不至于走偏。

（2）线下对话

情侣见面，对话模式和线上的对话模式是有区别的。线下的对话模式，基本没有办法让你有很长的反应时间，你需要对对方的话语或者临时出现的某个状况做出及时的反应。所以，线下对话的难度是高于线上对话的。

技巧通关卡

用途：增进感情、减少矛盾。

技巧：放松精神（不要过度敏感）、行为体贴（心口合一）、说到做到（及时反应）。

优势：通过共同的生活体验，建立长久、健康的亲密关系。

注意：相互关心、真心以待。

禁忌：过度敏感。

情景对话

对话一：放松精神

情侣见面，如果能找一些既有共同的回忆，又能放松精神的活动，不至于彼此的思路不在一条线上。对话可以是这样的：

男："你最近看过什么好看的电影吗？"
女："最近没看电影，不过听说某爱情片不错。"
男："那我们吃完饭去看电影，怎么样？"

两个人在一起的时候，可以一起去看看电影、散步、用餐，不论是男方还是女方，都可以向对方发出邀请，或者在对方发出邀请的时候给出自己的建议等，让对方感觉到自己的参与感。

对话二：行为体贴

情侣在线下相处，最能检验是否言行一致，这时候在线上的口头体贴和关心就可以落到实处去。比如：

男："给你买了杯奶茶，我记得你喜欢'烧仙草'味的。"
女："哇，太好了。我也给你准备了一双手套，这样骑车不冷。"

男女相处，彼此在情感上相互给予、生活上相互依赖，关心对方不能只停留在口头上，行动力也很关键。在感受到对方的情感和付出的时候，你在依赖对方、感到喜悦的同时，也要记住：长久的关系，是相互付出，是一加一大于二的生活方式；一切只顾索取的关系，都是无法长久的。

对话三：说到做到

情侣在相处熟悉之后，很容易因为一些小事闹矛盾。比如：

女："麻烦帮我倒杯水，我不方便过去。"
男："好。"（头也不抬，手里拿着手机打游戏）

20分钟过去……

女："麻烦帮我倒杯水！"
男："好，这就来。"（继续低头打游戏）

又 20 分钟过去……

女（生气）："算了！"

男女在熟悉之后，能长久地相处才是关键，在这个过程中，相互之间不仅要延续对彼此的激情，还要建立信任感。而信任感的建立，体现在很多小事上，比如说到做到、及时反应。答应的事情就要去做，如果自己因为懒散或者其他原因不能去做，可以如实地告诉对方，免得对方在等待的过程中消耗耐心。

知识小链接

爱情观

爱情观，指一个人对爱情的根本看法和态度，主要包括什么是爱情、爱情的本质、爱情在社会生活和个人生活中的位置、择偶标准，以及如何对待失恋等。爱情观是个人人生观的反映，在不同的历史时期，会受经济条件、社会制度、思想文化的影响和制约。

✓ 小贴士，讲道理

爱情是婚姻的基石，正确的爱情观，是寻找优秀伴侣的前提，有利于自己寻觅到适合共度一生的伴侣。因此，在锤炼自己的爱情观时，不能只顾眼前利益而不从长远考虑。

如何才能获得正确的爱情观呢？首先不能是利己主义，因为但凡与人相处，没有人能做到始终只利他、不利己，或损己利人。爱情或婚姻里面，会牵涉金钱物质的付出、情感劳动的付出，如果彼此的付出没有一个动态的平衡，有去无回或者有回无去，都无法建立长久的相互关系。

另外，男女相处的时候，轻松、愉快是非常重要的感受和体验，这同时也是一种需求。要想获得这样的体验，首先是选对人，其次是彼此的精神都要足够放松。

2. 职场对话

在职场中，对话永远是一门艺术。如果不掌握这门技术，很容易无故"背锅"或者吃哑巴亏。所以，想要在职场中游刃有余，除了过硬的专业技能、灵活的头脑，还要有符合人性的接话技能。比如，如何才能在同事的闲聊中不沦落为"爱聊天"一族，如何能友好地推拒一件可做可不做的事情，如何在你不知道怎么办时获得领导的帮助且不被领导质疑你的能力，等等。

（1）线上对话

微信、QQ等沟通软件的使用，提升了现代职场中工作沟通的效率，但也因此形成了一定的对话艺术和社交法则。如果能捕捉、总结出这些对话艺术，在具体实践中加以利用，将会事半功倍。

技巧通关卡

用途： 展现能力，与同事和谐相处。

技巧： 闲聊不发散、提前沟通（体贴周到）、求助带方案（不要脑袋空空）。

优势： 出色地完成自己的本职工作。

注意： 背后不说人。

禁忌： 发火、抱怨，让自己陷入不良评价中。

情景对话

对话一：闲聊不发散

如果异性同事在线上和你抱怨、闲聊，怎么做最恰当？

同事A："今天又加班，烦死了。"

错误接话："这公司就是破，压榨员工。"

高情商接话:"又加班了？唉！"

同事在线上和你抱怨、闲聊，最好的做法就是揪住对方话里的关键词重复一下，再辅以标点符号、语气词之类的表示一下自己的同情即可。比如在上面的例子中，"加班"就是关键词，"又加班了？"是对同事抱怨内容的重复，但里面掺杂了"惊讶""同情"等情绪信息。"唉！"把情绪进一步烘托出来，算是自己的回应。这样的回应不会让同事觉得你敷衍、不合群、不赞同他，从而疏远你，对你有敌意和看法。

在此类接话中，不想惹麻烦，就不要发散信息。如果你发散信息，说公司不好，你会留有说公司坏话的把柄；如果你发散信息，说"公司就这样，没办法"，那会让同事觉得你清高，还不理解他，你们不是一条战线上的人，对以后工作上的合作会造成阻碍。

对话二：提前沟通

很多工作时需要提前沟通的，如果无法见面，线上沟通也很方便。

普通沟通:"你那里有点远，我们就不过来接你了，到时候在×××地方见就可以。"

高情商沟通:"约的地方有点远，需要我去接您吗？"

绝大部分人听到"地方有点远，需要去接您吗"这样的询问，会本能地说"不用"。这样简单的一句话，既能体现你的体贴周到，又能把接客户的任务无形中去掉。你提前沟通过，客户不会觉得你招待不周，只会觉得你很细心。

对话三：求助带方案

在遇到困难的时候，我们不免需要向领导求助。但不同的求助方式，效果可能天差地别。比如：

普通求助方式:"领导，我不知道这个问题怎么处理，您帮我看看？"

高情商求助方式:"我做了梳理之后，现在碰到一些情况，我的解决方案是……您看还有没有什么更好的办法？"

很显然，高情商的求助方式在这里更受领导接纳。领导不会要求每一个下属都是万能的，也乐意在下属遇到困难的时候提供帮助，但是绝对不喜欢只知道提问、脑袋空空的下属。即便你提供的方案有很多漏洞，但领导从中可以看出你已经尽力在处理了，并且在没有把握的时候懂得向领导寻求支持，这样不仅不会被批评，领导反而会觉得你处理事情谨慎、谦逊、稳重。

知识小链接

表情包

表情包是流行于网络，可以表达情绪的图片、抽象画等非文字的内容。在职场的线上对话中，表情包也是沟通神器。但在职场上沟通，使用表情包也是有一定的规则的，不能乱用。比如，在严肃的对话场合，尽可能不要使用表情包，尤其是一些发泄情绪的表情包。但在轻松的语言环境中，适当使用表情包，让严肃的工作氛围变得活动一些。一些表情包的含义也相对含蓄、弱化，比如可爱一些的表情包，既表达无奈的含义，又多一分俏皮可爱，不会让人有生硬与冷淡的感觉。

✓ **小贴士，讲道理**

在职场中，线上对话快速、高效，你有足够的思考空间去思考怎么回复一个问题、怎么表述一句话。训练自己，有效地利用线上对话平台，实现更高效的沟通，是非常重要的事情。

首先，你要熟悉基本表情包的普遍含义，不要因为用错表情包之类的问题导致信息传递错误，引发误会。其次，因为线上是看不到双方的表情和肢体语言的，所以在说话的时候，要注意表达的准确性，和用语语气，不要出现引起歧义的问题，尽量少用"你说呢？"之类无法通过表情神色判断友好程度的反诘语，这会显得你很不友好，或者会令对方误认为你在生气，导致沟通失效。

(2) 线下对话

在职场中,线下对话,因为肢体语言、表情神色都可以面对面看到。异性之间在沟通对话的时候,会更丰富具体,也有更多需要注意的地方。掌握一些基本的面对面沟通交流的技巧,能得体大方地接别人的话,是非常加分的事情。

技巧通关卡

用途: 增加好感,获得认可。

技巧: 说话分场合(懂得看全局)、被夸会回复(好学,不居功)、推活明理由(让人心服口服)。

优势: 让自己的能力被认可,获得发展的机会。

注意: 有逻辑,有理由,换位思考。

禁忌: 胆小畏缩,口齿不清,公私不分。

情景对话

对话一:说话分场合

宴请客人的时候,老板、客户都在场。

老板:"你怎么点了这么一大桌子菜?"
错误接话:"我已经是尽可能省着点了。"
高情商接话:"我看今天来的都是贵宾,当然要按最高规格来宴请。"

领导私下问问题,要领会老板的真实意图,做出恰当的回复。如果有第三者在场的公开场合,就不能一是一、二是二地接话,应该站在全局,看看此时怎么接话最恰当。

与上面类似,但更为经典的,还有一个案例。某大型电商企业,在有媒体跟拍的情况下,坐在集团公司老板身边的高管与老板在开宴喝酒前产生了一段有趣的对话。

高管："我意外怀孕四个多月了。"
老板："太好了，恭喜恭喜！"
高管："他们（其他同事）也都不知道，因为之前医生说高危，不一定能留下来。所以也没跟大家说。"

此处，高管的目的是邀功，表示自己即便怀孕高危了，依旧没有影响工作。此番言论，如果在私底下没有什么问题。但此时是公开场合，还有记者跟拍采访，这番话就显得不合时宜，会让人觉得"公司老板剥削员工"。此时老板及时做了回复。

老板："那出于保胎，你怎么不休息啊？"
高管："啊，没休息！现在已经稳定了。"
老板："哎呀，今天什么日子，一天有两个老同事告诉我喜讯了。挺好！"

如果到这里，老板已经把话题圆回来了，问题还不算严重，但是这个高管依旧没有搞清楚状况，继续将对话推向悬崖边缘。

高管："不会耽误工作的，老板！"
老板："你这个体质，我倒希望你去多请假休息，没关系！说实话，你们休假，给同事多点机会。有时候不要认为自己一天不在了，整个部门就会散了，我在美国8个月公司都没散过。"

老板最后一番话，已经把话完全挑明了，因为再圆也圆不回去了，只能从另一个角度打开出路，处理这个事件。

对话二：被夸会回复

领导说："辛苦了。"
错误接话："不辛苦。"
错误接话："没事，还好。"
错误接话："确实很麻烦。"

高情商接话："我从中学到很多，很有收获。"

好学而不居功，有情商又大方得体，在职场上会更受领导赞赏。

对话三：推活明理由

在职场中，常常有这样的情况。

领导："把这个工作做一下。"
错误接话："领导，我没有时间。"
错误接话："领导，这个我不会。"
高情商接话："领导我手上现在有×××工作，大概需要××时间，挺着急的，不太好安排时间。而且这个工作我不是很熟，做起来可能需要花一点时间。如果这个工作不着急，我处理完手头的工作就处理它。如果着急的话，看看有没有其他熟悉这个工作的同事可以处理。"

当一个工作不属于你，或者需要加急而你又赶不出来的时候，你可以跟领导阐述清楚理由，婉转地把活儿推掉，同时再给领导一个处理该工作的合理的方案。这样，领导既不会误会你不想干活儿，光把活儿往外推，又不会因为手里的工作安排不下去而烦恼。

知识小链接

立 场

立场，是认识和处理问题时所处的地位和所持的态度。不同的位置，往往有不同的立场，看问题的方法、考虑的利益点都会有所不同。在立场不同的情况下，如果发生观念冲突，你是很难说服对方赞同你的观念的。你只能尽可能站在对方的立场，去权衡对方的利弊得失，然后找一个可以共赢的突破口，让对方赞成你的观点。

✓ 小贴士，讲道理

　　职场，是成败攸关之地，是利益争夺之地，做人做事、说话行动都要深思熟虑，不要随性而为。你要习惯从全局去看待问题，同时站在别人的立场，去思考自己下一步该怎么做、下一句话该怎么说，这样才不至于因为判断失误说错话、做错事而不自知。

　　除此之外，还要懂得公私分明。有些私事不可以拿到公司来说，会让别人据此胡乱揣测你，传播不利于你的谣言；有些公事同样不可以在私下里说，有可能不小心泄密，给公司造成损失。有些情绪是个人需要消化的情绪，不适合发泄在工作中；有些同事间的争吵是工作分歧产生的，不应该演化成个人仇怨，在工作中挟私报复，冤冤相报，以后会有处理不完的麻烦事。

3. 普通朋友对话

异性朋友之间，从陌生到相熟，再到相知，是一个奇妙的过程。在这个过程里面，我们会遇到各种挑战，有的人会变成你的合作伙伴，有的人会变成你的知交好友，有的人则需要你远离断交。不管是哪一种朋友，在交往的过程中，都需要你有智慧的头脑、高情商的对话能力。

（1）线上对话

普通的男女朋友，与很多同性朋友一样，双方的关系也备受挑战。在相处的过程中，我们除了彼此真诚相待之外，还是要注意避免一些问题，比如借钱、受托办事等。如果此时彼此的关系还没到可以彼此借钱的地步，或者受托办事的过程中遇到困难，我们要有能力妥善地处理。

技巧通关卡

用途：婉拒不合理要求，规避问题陷阱，避免落人口实。
技巧：中止借钱有理由（财不露白）、回答问题要谨慎（避免进退维谷）。
优势：既遵循自己的意愿，又保留双方的情面。
注意：委婉礼貌，有风险意识。
禁忌：太过实诚，太过情绪化。

情景对话

对话一：中止借钱有理由

如果一个关系普通的朋友，在线上和你借钱，但你不太想借，怎么说比较恰当？

错误回复："没有，借不了。"
高情商回复："你知道的，我压力挺大，最近在××方面刚用了钱，现在也拿不出钱来。"

遇到借钱，如果关系普通，不想借的话，只要你平时不太露富，就可以用"你知道的"等话语把皮球踢回去，再给个钱已经用出去的具体理由。这样对方一般就不太好意思继续开口了，即便开口，你也可以坚持确实拿不出钱来。

对话二：回答问题要谨慎

一个平时关系一般的朋友，忽然线上联系你，问你下面这些问题，你会怎么回答呢？

"你工作怎么样？"
"你是不是自己开了一家公司？"

关系并不十分密切的朋友，很可能只是把你当作资源在相处，如果你们平时没有聊个人生活的习惯，那可能就是有求于你，在开口之前做一个背景调查。比如：

（一）
"你工作怎么样？"
"还可以。"
"嗯，我最近手头有点紧，急需用点钱，能不能借我2万？"
（二）
"你是不是自己开了一家公司？"
"是的。"
"在北京吗？"
"嗯。"
"你是打算定居北京了吗？"
"目前是这样。"
"我也打算定居北京，可是我暂时没法交社保。要不我在你公司交，我每个月把钱转给你。"

如果你提前没有洞察力，在朋友做完背景调查、开口求你办事的时候，你就很难拒绝了。所以有关个人的明确信息，如果对方不是特别亲密可靠的人，不要别人问什么就说什么。我们大可不必说谎，但在回答中留有退路就行，比如：

（一）

朋友A："你工作怎么样？"

高情商接话："马马虎虎，勉强糊口。"

（二）

朋友A："你是不是自己开了一家公司？"

高情商接话："哦，那是和别人合伙的，我也就挂个名。"

朋友A："你们能商量一下吗？帮帮我的忙交个社保。"

高情商接话："社保代缴好像现在法律不允许了吧！"

朋友A："那有个人缴纳的吗？"

高情商接话："好像可以以自由职业者的身份申请缴纳？你自己查询一下看看。"

朋友A："在哪儿查询？"

高情商接话："很多社交平台上都有网友分享的介绍流程的视频。"

一个关系普通的朋友，在线上向你求助，如果不是十万火急、没有办法了，那他很可能也就只把你当作资源。如果是一些无伤大雅，影响不大的事，你愿意又方便办的情况下，可以去做。但如果未来会有风险，比如借钱不还，比如可能涉嫌违法，你都需要提高警惕，尽可能不让自己陷入这种风险之中。

> **知识小链接**
>
> ## 风险意识
>
> 风险意识，是"见之于未萌，防止于未发"的意识。随着社会经验和基本常识的增加，我们可以预判一些风险，从而提前做好应对的准备，或者直接把风险止于萌芽状态。社会里有各种各样的人和事，我们没有办法保证每一个人都是友善的，也没有办法保证自己有能力摆脱每一个危险，所以远离潜在的危险，是古代"君子不立危墙之下"这句至理名言在现实生活中的实际应用。

小贴士，讲道理

亲人、朋友，在我们的交际圈中扮演着不可或缺的角色，遇到困难的时候我们相互扶持，在失落的时候我们相互鼓励。慷慨仗义，是我们对友谊最好的诠释。但在我们的交际圈中，会有一些人假借朋友的名义，做一些不利于人的事情，这就需要警惕和防范了。

那些常年不联系，联系就借钱、求帮忙的；那些小时候认识，但并未参与彼此的成长，此时也不知具体在做什么工作的儿时伙伴；那些有不良习惯的朋友；那些社会关系复杂，没有正当职业、游手好闲的人；等等，都不应该是你随意慷慨仗义的对象。防人之心不可无，很多不适合做朋友的人，我们不仅要防备，还要远离。

（2）线下对话

能在现实中见面的朋友，一般都是有一定关系或关系比较近的朋友。如何说话，维护朋友关系，是一门技术。在和朋友线下见面，尤其在人多的时候，难免会遇到各种各样的问题，很多问题回答不好，就会让人感到尴尬。但我们可以对这些问题的接话技巧做一个梳理并加以学习，在未来的生活中就能游刃有余地应对了。

技巧通关卡

用途：转移问题，化解尴尬，避免冲突，展现情商。

技巧：夸奖回旋（把夸奖送回去）、偷换问题（不直接回答问题）、避免对比（避开陷阱）。

优势：与朋友之间建立良性的互动模式。

注意：能四两拨千斤，避免情绪化。

禁忌：过分多疑敏感。

情景对话

对话一：夸奖回旋

当你被夸"今天很漂亮"的时候，你会怎么接话？

错误接话："没有，没有！"

错误接话:"谢谢!"

高情商接话:"哎,还是你有眼光,怪不得你每天的衣品都那么好。"

如果有人夸你,不要谦虚地傻笑着说"没有",也不要禁不住夸得扬扬自得起来,而是应该把夸奖的"回旋镖"返回去,让对方听了既意外又高兴。

对话二:偷换问题

有一些问题可能就是朋友的随口一问,但如果你不想回答,应如何接话才能不令双方尴尬。比如朋友问你:"你今年赚了不少钱吧?"

错误接话:"还行,今年效益还可以。"

错误接话:"不行,快混不下去了。"

高情商接话:"胖了不少倒是真的。"

在这个案例中,高情商的接话避开直接回答问题,而是说了一个完全不相关的答案,既显得幽默,又没有不作回应的尴尬。聪明的朋友只要一听,就知道你不太想谈论这个话题,在你幽默的回应中一笑而过,彼此都不尴尬。

对话三:避免对比

有一些场合,有的问题好像很简单,但其实里面带着陷阱,这话接不好就得罪人。比如有人问你:"你和陈同学谁做饭最拿手?"

错误接话:"我做的好吃,他不行。"

错误接话:"他做的比我做的好吃,我不行。"

高情商接话:"他擅长做炒菜,我擅长做汤。"

在存在对比的问题中,会存在抬高一方贬低另一方的情况时,要尽量避免直接作答,而是将双方各自的优势具体说出来,表明双方各有所长,不是简单的对比可以判断的。这样不仅回答了问题,还避免了对比的不良后果。因为说谁不好都不合适,说别人好显得自己不好,说自己好显得别人不好,都不是最好的答案。

知识小链接

多疑敏感

　　人如果敏感、多疑，就喜欢往坏处想。我们与周围的人相处时，要保持一定的警惕心，有风险意识，才能更好地保护自己。但如果太过警惕，容易变得敏感、多疑，就会扩大很多问题的严重程度。朋友随便说一句话、一个眼神、一个动作，就可能让你警铃大作。时间长了，人际关系就会出现问题，进入恶性循环的怪圈，还可能产生焦虑症、抑郁症等心理疾病。所以，在处理社交问题的时候，能够头脑清醒，懂得自我调节，才能举重若轻。

✓ 小贴士，讲道理

　　和朋友相处的时候，我们要本着投桃报李、互惠互利、相互帮助、相互尊重的原则去相处。不要用一些自己就可以处理的问题去消耗朋友之间友谊，在朋友确实有困难的时候，适时地伸出援助之手。如果自己有解决不了的困难，而朋友刚好可以帮忙的时候，也可以根据情况向朋友求助。

　　另外，不要认为朋友为你做什么都是应该的。我们和朋友相处，要懂得欣赏对方的同时，也要懂得对对方的付出持感恩的态度，礼尚往来地回报朋友的慷慨和仗义，才是朋友之间长久的相处之道。

第四章 非暴力沟通

非暴力沟通，是当代人根据许多前辈的经验和自己的感触总结出来的，是合理也是让人喜欢的一种沟通方式。非暴力沟通能够让你处理的问题，按照期待的方式得到解决，得到一个好的结果，而不是让事情变得更加复杂，陷入更麻烦的境地。本章将对非暴力沟通的概念及技能获取方式，做一个完整的阐述。

1. 对抗恐惧心理

沟通首先要稳定自己的情绪，大脑才能清醒地指挥你的行动，情绪稳定是可以通过练习达到的。你可以为自己建立积极的情绪，避免因为习惯性的悲观思想、负面思想对自己的情绪产生干扰。其次根据自己的情况制订练习计划，让自己获得在冲突等问题前保持镇定的能力。

技巧通关卡

用途：稳定情绪，健康生活。
技巧：建立积极情绪（消除负面情绪）、行动起来（走出舒适圈）、训练基础技能（技术准备）等。
优势：为社交打下良好的心理基础。
注意：修正自己的三观，但不过于苛责自己。
禁忌：思想极端，习惯性悲观。

情景与技巧

技巧一：建立积极情绪

建立积极情绪首先要消除负面情绪，用新的东西替换旧的感受和习惯。你可以尝试的方法有：

（1）散步。去景色幽美的地方，亲近自然，欣赏花草树木。

（2）阅读。吸收新的知识和思想，缓解焦虑。

（3）持续做某事。可以是一项长期做的工作，可以是画画之类的某个兴趣爱好。总之，这件事情能让你集中注意力，并且有所收获。

用以上方法，可以逐渐消除内心的负面情绪，建立积极情绪。有了这个心理基础，就为沟通打下一个良好的心理基础，接下来的一切都是顺势而为的事情了。

技巧二：行动起来

当你被恐惧心理束缚，难以跨出社交、沟通的第一步，并因此感到痛苦时，摆脱痛苦的唯一方法就是行动起来。在行动的时候，你要做一些准备。

（1）了解自己。或者寻求朋友帮助，或者寻求心理医生帮助，通过对话的形式，了解自己恐惧心理的具体细节，分析其原因。

（2）制订计划。把可行且自己愿意学习的方法记录下来，写下这些方法的好处。

（3）行动起来。根据拟订的计划，去执行，去做，不需要百分之百做到。能开始去做你就可以给自己打满分，就值得高兴。剩下的都是附加分数，就值得奖励。

注意，在行动的时候，不要认为要百分之百做完计划的事情才算成功，你只要开始做，就算成功了。至于做多少，你可以根据当下的感受去做决定，不用逼迫自己，给自己多余的压力。你要知道，心理最舒服的状态就是最好的状态。

技巧三：训练基础技能

心理建设、行动计划都做好之后，就可以开始训练自己了。在训练自己的沟通技能方面以下是一些方法。

（1）训练自己的语言表达能力。可以在晚上复述白天发生的一件事，或者夜晚做过的一个梦。

（2）有机会就和陌生人聊天。可以简单地打个招呼，可以多说几句。在聊天之前，可以做一下心理建设，调整自己的表情和心态，眼睛看着对方说话。

（3）学习一些你不知道怎么回答或者不想回答，但经常会遇到的问题的高情商回答方法。

（4）观察擅长沟通的人的沟通方式，试着模仿，或加上自己的理解之后，总结出适合自己的方式。

在技能训练的时候，行动力和重复是最重要的。沟通技能不是不可以通过学习获得的技能，也不是难以学习的技能，只要持续不断地去尝试，就能突破自己的心理障碍，掌握优秀的沟通技能。

知识小链接

社交恐惧症

社交恐惧症，又称社交焦虑障碍，为神经症的一种亚型，以过分和不合理地对某种客观事物或情境的恐惧为主要表现。主要症状表现为在小团体中被人审视得害怕，一旦感觉到别人在注意自己，就会开始感到不自然，甚至出现恶心、脸红或尿急等自主神经紊乱症状。严重的社交恐惧症患者可能因回避恐惧对象而导致社会隔离。社交恐惧的确切病因和发病机制尚未完全明了。

小贴士，讲道理

作为成年人，要掌握改变自己的能力。我们性格的形成，我们的长相体态，我们的生活环境，都是一点一点积累的结果。很多过去的东西，不是我们可以控制的，但当我们长大，了解世界，同时也了解自己之后，会对自己和世界产生新的要求，这种要求如果无法得到满足，就会让人陷入痛苦的情绪当中。

和孩童时期不同，我们已经可以通过我们的智慧，学习突破困境、突破自己的方法。如果我们对自己不满意，就一点点地训练与改变自己。如果我们对环境不满意，我们就一点点地去改变环境，慢慢打造自己的理想家园。当然，这一切的前提都是你的诉求是合理的，而不是违背社会价值观和集体的共同利益的，否则你追求的东西只能让你陷入深渊，而不是走入美好的生活。

2. 控制说话的节奏

说话的节奏很重要，如果你想要别人喜欢倾听你的话，并愿意与你继续对话，就要控制好自己说话的节奏。良好的节奏，可以帮助你清晰地表达，同时辅助你找到对话的节奏，让整个沟通都处在良好的状态中。因为说话的节奏，会影响倾听者的情绪，影响他们的感受和思维方向。

技巧通关卡

用途：提升语言魅力。

技巧：控制语速（快慢有度）、适当停顿（精准地传递信息）、注意互动（让对方参与到对话中来）等。

优势：有效地表达自己所要讲述的内容，吸引对方参与到谈话中来。

注意：保持专注力，使用肢体语言，注视对方，富有感染力。

禁忌：喋喋不休，自说自话。

情景与技巧

技巧一：控制语速

一个人说话的速度，在一定程度上决定着沟通的效率。要想把语言中所含的信息最大限度地传递到对方那里，语速必须要合适。不同的语速，能表达的感情是不一样的。比如：

（1）快速。这种语速通常是在人感到紧张、愤怒、恐惧等情绪比较激动又焦急的情况下产生的。如果不是特殊的情况，就不要用那么快的语速说话。如果意识到自己平时的语速过快，可以刻意地对自己进行一段时间的训练。

（2）中速。这种速度比较适合情绪稳定，需要叙事、说明、陈述的场合。如果你输出的语言会非常多，且需要对方理解透你说的话，建议选择这个语速进行沟通。

（3）慢速。这种速度与快速相反，适合用来表达沉重、忧郁、悲伤的心情，适合放在一些庄重、肃穆的场合。如果你需要安抚别人，建议用这种语速来试一试。

语速的控制，是一个人学会表达的关键。要想与人有效沟通，就要学会控制自己的语速，训练出一套节奏适中的语速，是非常重要的。

技巧二：适当停顿

看一篇文章的话，里面的标点，可以帮助我们更加准确地理解文意；看到不理解的地方，还可以停下来思考一会儿，或返回去再看一遍。但对话的时候，你不可能让对方也能时间暂停，回去"重播"他没理解的内容，或者你说话还有字幕，看看上面的标点，准确理解你所表达的意思。比如：

A："这场比赛是谁赢了？"
B："杭州队大败济南队获得冠军。"

在 B 的回答里，因为没有停顿，既可以理解为"杭州队大败，济南队获得冠军"，也可以理解为"杭州队大败济南队，获得冠军"。如果在接话的时候，通过语气的停顿，把其中的意思表达出来，人们不用思考就能理解其中的意思，也就不会出现理解偏差的问题。

技巧三：注意互动

控制说话的节奏，除了语言的语速、停顿等方面，还要注意互动。你需要做到以下几点：

（1）观察对方是否跟上你的语速了。
（2）判断对方对你所说的话题是否感兴趣。
（3）感受到对方互动的意图，对方想要表达的时候，需要停下来让对方有表达的机会，形成互动。

互动，是人与人之间有效沟通的一个标志。出现互动，那接下来的沟通就可以顺势而为，慢慢导向你想要的结果。

知识小链接

感染力

　　感染力，指能引起别人产生相同思想感情的力量，它能启发人的智慧、激励人的感情。富有感染力的语言，能够直接将人带入语言表达的意境中。一个富有感染力的人，就像太阳吸引花草树木一样，能让人们不自觉地喜欢并靠近他。感染力的获得，是由内而外的，你需要富有力量的内心，才能散发自信、包容、温和的气息，然后才能对人具有吸引力和感染力。

✓ 小贴士，讲道理

　　在说话的时候，能对自己的肢体语言、面部表情等进行控制的人，会给人一种稳重、成熟的感觉——而这是获取他人信赖的第一步。如果我们需要通过自身的言行来建立自己的可靠性，让别人放心地与我们交往，就可以针对自己的肢体语言、面部表情做一定的练习，让肢体语言辅助我们控场，而不是四肢不稳地乱动，让面部表情帮助我们传递情绪，而不是"五官乱飞"，分散倾听者的注意力。

　　在说话的时候，我们需要注视对方，不要直直地盯着对方的眼神，但要有眼神接触。根据不同的表达需要，眼神可以是柔和的，也可以是坚定的，但不能是富有攻击性的，因为你是在和别人沟通，而不是在和这个人吵架，没有必要在不需要的时候释放自己的攻击性，让对方产生戒备、恐惧等心理——这是不利于沟通的。

3. 稳定的情绪

情绪稳定，是一个人心智成熟的表现。稳定的情绪，可以避免我们把事件引入不良后果中。想要拥有稳定的情绪，首先要对自我需求有清晰的认知，知道自己想要什么；其次要对自己的能力有客观的评价，知道自己能做什么；最后要整合自身的情况，对自己做一个断舍离，放弃那些不切实际的想法，针对自己的能力和需求，找到最适合自己的人生，获得健康、舒适的心理状态。

技巧通关卡

用途：避免焦虑，避免争吵，避免矛盾激化。
技巧：明确需求（知道自己想要什么）、明确能力（知道自己能做什么）、思想断舍离（放弃不切实际的想法）。
优势：将困难、矛盾和挫折平稳地度过去。
注意：需要的情况下，懂得寻求外界的帮助。
禁忌：钻牛角尖，思维极端。

情景对话

对话一：明确需求

在与人沟通的时候，你需要明确自己的需求，才不至于陷入混乱的思维当中，然后影响你的情绪。比如，你今天与一个客户见面，目的是了解对方的业务需求和报价情况，那在整个沟通过程中，都要紧紧围绕这个主题。如果谈话主题跑偏，你可以说：

"我们还是需要详细了解一下贵方在业务方面的需求，比如……"
"有几个细节我们核对一下……"
"在报价方面，我的理解是否正确……"

每次与人沟通之前,你都可以在脑子里复盘一下此次对话的目的,在对话的时候围绕主题进行。这样可以让你集中注意力,拥有稳定的情绪。

对话二:明确能力

在与人沟通之前,需要了解自己的优缺点,比如优点是描述能力强,擅长带动气氛,缺点是容易喧宾夺主,抓住话语权不放。那在与人沟通之前,需要对自己做一个调整:在接下来的沟通中,要适当地让渡话语权;在冷场的时候,适时带动气氛。让渡话语权的时候,可以说:

"你怎么看待这件事情?"
"你呢?你喜欢什么?"

自己讲完之后,或者自己发表意见之前,用询问的方式,让对方参与到对话中来,形成互动,沟通就能继续深入下去。

对话三:思想断舍离

我们身处社会与群体之中,要公平地看待别人和自己,既不要把自己放得太重,也不要把自己放在太轻的位置。光芒要照射每一个人,才能不引发矛盾和斗争。我们不需要做最强的、最耀眼的,只要在群体中,有自己的特色,能参与到群体生活中,同时自己心情如意,就是最好。所以,在与人对话的时候,要承认别人的闪光点,欣赏别人,赞美别人。比如:

"你的穿搭很有品位,很漂亮。"
"你刚才都不着急,怎么做到的?教教我。"
"你唱歌真好听。"

思想断舍离,就是除去人的贪欲、好胜心和嫉妒心,懂得与他人同辉,懂得赞赏他人。这样就不会因为这里不如人、那里不如人而心绪烦乱,情绪暴躁了。要知道,你不可能何时何地都事事争先的,而且也没有那个必要。

知识小链接

心 智

心智，指人们运用沉淀和储存的已知事物，通过大脑信息处理，为实现某种欲望和需求从事的心理活动而产生的智力能力和思想能力。一个人的心智是各项思维能力的总和，用以感受、观察、理解、判断、选择、记忆、想象、假设、推理，然后根据其结果来指导自己的行为。心智主要包括获得知识、应用知识、抽象推理三方面的能力。每个人的心智强弱差异比较大，而一个人一生的幸福与他的心智直接相关。

小贴士，讲道理

每个人，在心智成熟稳定之前，难免有陷入消极情绪的时候。学会对抗这种情绪，是非常重要的一项技能。

对抗消极情绪，需要找到科学、合理的方法。首先要寻找科学合理的发泄渠道，比如听音乐、看风景、做家务、整理东西，等等，用这些方式冷静头脑，控制冲动，告诉自己不要再任由负面情绪蔓延下去。其次，在以自己的方式无法得到缓解的时候，要积极寻求外界的支持，不管是向亲人、朋友，还是心理医生，可以根据他们的建议和指导调整自己。

4. 保持友好，但果决而坚定

友好也是一种沟通的技能。如果你能友好而坚定，那你既不会让人觉得软弱可欺，也不会让人觉得你是在讨好，反而会让人觉得你是强大的，不容小觑的。保持友好，在内需要保持良好的心情，在外需要包容但坚定的处事风格。

技巧通关卡

用途：消解他人的对抗情绪，化解矛盾，打造个人形象。
技巧：保持好心情（由内而外）、处事包容但坚定（不被小看）。
优势：让沟通更加顺畅无碍。
注意：身心统一。
禁忌：强行伪装。

情景对话

对话一：保持好心情

保持友好，最好的方式是保持好心情，这样你表现出来的友好才是由内而外的。这种友好，可以在沟通之初就表现出来，用一个善意的微笑，加上友好的语言，就可以表达出来。比如，对方迟到时间有些久，在向你表达歉意时。

A："很抱歉，临出门出了一点意外，处理一下，耽搁了时间，让你等久了。"

错误接话："还好，没等多久。"

高情商接话："没关系，希望你没有遇到太让你困扰的事情。刚才我看了一下这里的花灯展，很漂亮，我们策划的这个活动不知道可不可以尝试加入这个元素。"

在说话的时候，要保持平和愉快的心情，不要因为对方迟到或者自身的问题，就把不好的情绪外露出来。

对话二：处事包容但坚定

我们要懂得调整自己，让自己对外界的一切尽可能保持包容的态度，能够接纳和谅解那些与自己的标准和期待不符的事物。比如：

"我觉得××明星不好，她虽然长得好看，但是……"

如果对方说的"××明星"恰恰是你的偶像，你会怎么做？会去与他争论吗？还是沉默不语？建议保持开放包容的姿态。

如果你不介意别人怎么说，并乐意在此时保持沉默，那你可以选择沉默，换其他话题即可。如果你心中感到介意，需要说两句，也不必发怒，你可以说：

"我很欣赏她，她是我的偶像。"

在这里，你不必详细地与对方争论，你只阐述结果和事实即可。而你之所以需要这样阐述，是因为对方在与你聊天，在对你输出信息，这是你的回应。这种回应，不需要带着怒气和指责。如果对方是无意的，他会注意，不再继续说你的偶像不好；如果对方明知你知道那是你的偶像，还这么说，你这样直白坦率的表达，也会让他有所收敛，没办法给你下软刀子。

知识小链接

理　性

理性，一般指理解、判断、推理等高级的思维活动或能力。拥有理性思考能力的人，在出现不适情绪时，仍旧能够思路清晰地分析和评价所处的情境，做出应对决策，并有将这些决策付诸实践的能力。他们可以应对外界刺激，调控过度的情绪反应，寻找多种解决问题的方案，并在比较之后择优而行。

> ✓ **小贴士，讲道理**
>
> 很多时候，保持友好的姿态会耗费一个人的精力，尤其在心情低落或者忙碌的时候。你不必时刻保持良好的状态、积极的心态，你有心情低落的权利和空间，如果你感到实在不能控制自己，可以去一个独立的空间，消解负面情绪，直到平静为止。有负面情绪，并不是一种错误，负面情绪只是我们所有情绪中的一种，只不过它可能会给我们和他人带来一些不便，我们需要特别注意，针对它的到来采取必要的措施。

5. 学会捧场，融入群体

沟通，是双方的事情，是你方唱罢我登台的一场表演。就像相声艺术中的捧哏一样，我们在与人沟通交流的时候，也要有捧哏意识，甘愿做绿叶，整个大局才能撑起来。我们要接受自己不需要处处领先的现实状况，也要懂得欣赏他人、肯定他人。在给别人捧场的时候，如果能产生共鸣，你就能成功地融入群体当中，成为群体的一员，沟通自然也就更加顺畅了。

技巧通关卡

用途：烘托气氛，团结团队。
技巧：要肯定他人（欣赏他人）、要产生共鸣（并非空穴来风）。
优势：用所有人都乐于接受的方式活跃气氛。
注意：察言观色，看准时机，甘当绿叶。
禁忌：不甘人后，嫉妒攀比。

情景对话

对话一：要肯定他人

别人做一顿好吃的饭菜，你吃了之后，就应该适时地说："这道菜真好吃，我好几次想吃，但老是做不好。"

对他人获得的成就给予及时的肯定，是最好的捧场。这种捧场的关键是，我们要从内心里真正地欣赏他人。

对话二：要产生共鸣

余光中是台湾知名的学者、诗人、散文家。在一次文艺大奖的颁奖典礼上，获奖的人大都是黑头发的晚辈，只有余光中年届花甲，白发染霜。

余光中致辞时风趣地说：

"一个人年轻时得奖，应该跟老头子一同得，表示他已经成名。但年老时得奖，就应该同小伙子一同得，表示他尚未落伍。"

余光中的话音刚落，满堂喝彩。简短的话语，既称赞年轻人功成名就，又表明自己宝刀未老。而在场老老少少，瞬间又产生了共鸣，感受到余老的幽默，不禁连连点头。

知识小链接

捧哏

捧哏是相声中的一个术语，也是相声表演中的一种角色。在相声中，有逗哏，有捧哏。表演的时候，逗哏负责逗，捧哏负责捧。逗哏担任主要角色，捧哏则是配角一类的辅助角色，需要在逗哏说完一段哏之后，给对方一个评论或者台阶，让相声表演继续转入下一个哏。生活中的捧场，也有类似的意思，就是把自己放在次要位置，去衬托主要人物或其他人的行为，这是需要奉献精神和宽广的胸怀才能做到的。

✓ 小贴士，讲道理

捧场，就是要赞美别人，或者给别人机会，让别人能够彰显自己，让别人的成就能够为人所知。在这个过程中，我们自己需要是开阔的，愿意成全他人的。我们心甘情愿成全的人，一般都是能够得到我们的认可和尊重的人，那么，对那些我们并不认可的人就不需要捧场了吗？

在我们想要否定一个人，或者批评一个人的时候，可以想一想：这个世界上，并不是所有人都拥有你具备的那些优势，所以不要要求他们能像你一样去思考和做事。只有这样，我们才能抛开别人的"缺点"，去欣赏别人，然后发出由衷的赞叹。

6. 多赞美——赞美要具体而真实

每个人都希望能得到别人的认可，赞美是最直接、最高的认可。我们在与人沟通的时候，对别人多加赞美，能增强沟通的效果。在赞美别人的时候，不要只是笼统地、泛泛地赞美。可以选择赞美局部，对局部的认可就是对整体的赞美。赞美的时候，要赞美细节，对所赞美的细节进行详细的描述。

技巧通关卡

用途：释放善意，拉近距离，增进关系。
技巧：局部赞美（即肯定整体）、赞美细节（具体赞美）等。
优势：让对方感觉自己得到接纳和认可，进一步愿意与你展开沟通。
注意：真诚。
禁忌：空泛含糊。

情景对话

对话一：局部赞美

当我们夸赞一个人的时候，就夸赞他的某一部分。比如：

"你的眼睛真亮，很吸引人。"
"你的手指非常纤细，很漂亮。"

当一个人的局部受到赞美的时候，他会注意到自己被赞美的部分，接着自我求证，然后获得信心，并将这种自信逐渐扩大到整体。

对话二：赞美细节

具体化、细节化的赞美，最能深入人心。比如：

"你的睫毛很美,细长细长的,还很浓密。"

"你的鼻子长得真好,就是书里说的那种中正仁义的人才会生的'悬胆鼻',给人一种很有气势的感觉。"

这些细节容易与对方内心深处的期望相吻合,而你能发现并将其说出来,能够让对方产生好心情,促使你和对方接下来进行良好的交流。

知识小链接

审美价值

审美价值就是人在审美实践中发现、创造的事物对人所具有的心理效能和精神价值。根据客观事物是否满足人的审美需要、给人带来美的享受,形成审美的正价值和负价值。人本身以及人按照美的规律创造出来的艺术作品,具有审美特性的社会现象、自然现象等,都有不同程度的审美价值。它在人对现实的审美关系中形成与发展,由人的审美实践和精神把握所决定。

小贴士,讲道理

我们在学会赞美之前,首先要学会欣赏美。美是主观的东西,仁者见仁,智者见智。它难以评判,但不难发现。发现美只需要细心就足够了,所以我们平时要多向外探寻美、发现美。这样的话,美就可以反哺我们,滋养我们。

我们是什么样,能从我们的视野中反映出来——我们看到的世界就是我们内心感受的反射。由衷地赞美他人、欣赏他人,也能让我们整个人开阔起来,优秀起来。因为当你赞美一种品德,你就会逐渐拥有这种品德,当你欣赏一种能力,你也会慢慢习得这种能力。

7. 寻找话题——从找熟悉的领域下手

人与人交流之前，需要寻找一个合适的话题打破聊天僵局，方便后续进行深度社交，这是一种沟通艺术。这种热场用的话题可以从事业、兴趣爱好、社会生活、周围环境中提取。掌握这种方法，我们可以在与人沟通的时候掌握主动权，活跃气氛。

技巧通关卡

用途：营造氛围，活跃气氛，打破僵局。
技巧：谈事业追求、谈兴趣爱好、谈社会生活、谈周围环境。
优势：不冷场，拉近人与人之间的距离。
注意：避开隐私。
禁忌：发表不合时宜的言论，发表不符合社会主流价值观的言论。

情景对话

对话一：谈事业追求

事业话题是一个人熟悉且有内容可谈的方向。比如：

"做医生，工作艰辛吧？经常加班不说，有时还会受患者家属的误解。"

"你们教师行业担子重、压力大，好在寒暑能放个假。"

有的人谈起工作，就变得神采飞扬，只要找到合适的切入口，既能找到话题，又能拉近双方的关系。

对话二：谈兴趣爱好

以兴趣爱好为切入点去寻找话题，容易让人产生共鸣，从而激发内心的分享欲，拉近彼此的关系。你可以说：

"最近有一个美术展，我记得你喜欢画画，那个展不错，想不想一起去看看？"

"你喜欢听钢琴曲啊，我喜欢听赵海洋的钢琴曲，你听谁的比较多？"

每个人的兴趣爱好可能有所不同，但可以被拉到同一个领域中来。比如：喜欢音乐和喜欢画画的，同属于艺术；喜欢写作的和喜欢哲学的，同属于思想领域；等等。只要你知道对方的爱好，就可以借此发挥，找到聊天的素材。

对话三：谈社会生活

在社交的过程中，如果围绕社会生活寻找话题，素材会更多一些，社会新闻、奇闻怪事等都可以谈。你可以说：

"新闻说昨天你们老家地震，家里没啥事吧？"
"听说云南今年的泼水节特别热闹，那里是每年都会举办泼水节吗？"
"我之前一直打太极，最近他们说八段锦和八部金刚功很好，你们有熟悉的吗？"

社会生活，一般不涉及个人隐私，适合作为人比较多的场合的谈话素材。总有一个话题，是可以引起大家的共鸣，让大家参与到讨论中的。

对话四：谈周围环境

如果所处的环境存在有趣的点，可以就地取材，将其用作聊天素材。比如：

"你看，那边有一大片月季，真漂亮！"
"你看，这鲤鱼养得真肥。"

"湖上游船好像不错，一会儿我们去玩玩。"

就地取材的聊天方式，容易让人放松自己的状态，适合关系亲密的朋友、情侣约会。

知识小链接

社会主流价值观

社会主流价值观，指在特定的社会里，由绝大多数民众（即主流民众）认同、遵从的，在各种价值取向互动过程中汇合而成的大体一致的价值观体系。这些价值观，基于社会多数人的看法和取向，是社会行为的普遍指南。我国社会主义核心价值观为富强、民主、文明、和谐、自由、平等、公正、法治、爱国、敬业、诚信、友善，分别对应国家层面、社会层面和公民个人层面的价值目标与行为准则。

✓ **小贴士，讲道理**

我们在与人相处的时候，应该尽量避免往个人隐私方面推动话题。因为隐私涉及的情况可能会非常复杂，如果朋友主动向你求助关于他的隐私问题，你可以根据情况，尽量给他一个意见，而不是将自己牵涉其中。如果处理不当，就会让自己陷入两难的境地，甚至陷入危险之中。

对于自己而言，也不要轻易把自己的隐私，尤其是一些不好的事情说给别人听。首先，那些不好的事情为别人提供不了正面的情绪价值。其次，你身上发生的不好的事情，会暴露你的弱点，容易对你造成不利的影响。

8. 解决矛盾——委婉、客观、少批评

人与人之间产生矛盾，一定是在利益、观念、感受等方面发生了分歧。这时候如果只一味地说服一方、批评一方，不是解决之道。解决矛盾的时候，只要不是原则性问题，都应该注意言辞，客观地思考问题，沟通的时候少批评，否则容易激化矛盾。

技巧通关卡

用途：有效沟通，解决非原则性问题。
技巧：委婉（注意言辞）、客观（公平讲理）、少批评（不指责）。
优势：能更有效地解决有分歧和冲突的问题。
注意：批评不是指责。
禁忌：口不择言，正面冲突。

情景对话

对话一：委婉

假设你是某基层领导的直属上司，该基层领导在带领小组团队的时候，有"一言堂""以势压人"的情况，导致员工不服，反映到你这里。你作为基层领导的直属上司，清楚员工反映的问题并非空穴来风，但该基层领导又并不是一无是处。你需要找他谈谈，你会怎么说？

错误做法："你在工作中有'一言堂''以势压人'的情况，不要再出现这种错误。"

高情商做法："是这样的，有人和我反映，当然不止一个人这么说，说你工作的时候有'一言堂'的情况。你怎么看？"

在解决矛盾的时候，针对矛盾点委婉地沟通，是弱化矛盾，又能直接

切入问题点的方法。

对话二：客观

同样是上文"对话一"中的例子，客观的沟通是这样的：

"根据我的了解，我相信你不是'以势压人'的人，你带的员工很多是没有受过职业训练的新人，他们对自身工作的技能、职能范围都不是非常清楚。有没有可能，在部门培训的时候，加强这些方面的培训？这样做也许会更方便你进行管理。"

不管你是矛盾中心的当事人，还是调解人，如果目的是解决矛盾，而不是激化矛盾、发泄情绪，最好公平客观地思考和处理问题。

对话三：少批评

在上文"对话一"的案例中，如果只是把基层领导拉来批评一顿，相信是达不到沟通目的的。

错误做法："你这样处理工作是有问题的，需要及时调整。"

高情商做法："我相信你可以找到更好的方法处理这个问题。如果你有需要我做什么，可以随时来找我。"

批评在解决矛盾的过程中常常被拎出来使用，但其实它解决问题的效果并不好。

知识小链接

"三明治"法则

"三明治"法则，是指在对员工进行绩效反馈时，先对员工的工作进行肯定，然后指出问题，最后提出改进方案，给出正确的建议。在批评别人的时候，也可采用"三明治"法则这种委婉的批评方式，即想要批评对方的时候，从夸奖对方开始，找一个对方的优点进行夸奖，夸奖结束再指出对方的问题，进行批评，这样有前面的夸奖做基础，被批评方就不容易出现对抗情绪，批评结束之后，再表明对方是有潜力的，未来可期。"三明治"法则不至于让对方因为批评就丧失信心，产生自我怀疑，如今被普遍应用于职场的沟通当中。

✓ 小贴士，讲道理

批评，适合在对方犯有原则性错误的时候进行。

在与人沟通的时候，要记住：我们的目的是解决问题，而不是发泄情绪；是寻找原因，而不是批评、责罚他人；目的是询问细节信息，做思考、判断的依据，而不是审问他人，做"定罪"的证据。而在我们面对别人的误解、批评和指责的时候，正确的做法是描述事实，表明立场，配合解决，不是退一步来息事宁人，或者打死不认来拒绝承担责任。有错就改，并不丢人；没错就解释清楚，不用恐惧。

9. 拿到主导权，掌握沟通节奏

在商务谈判，或出现分歧需要沟通的过程中，如果你是处于弱势的一方，最好能拿到主导权。你需要有能力，在完全由别人左右沟通节奏时，拿到沟通的主导权。掌握主导权的关键是发挥共情能力，消除负面情绪，这样做需要谨慎措辞、试探推进，最后在关键时刻果断抓住机遇。

技巧通关卡

用途：引导。

技巧：谨慎措辞（不留把柄）、试探推进（尝试控制）、抓住机遇（果断）。

优势：将沟通的结果导向自己期待的方向。

注意：发挥共情能力，消除负面情绪。

禁忌：误判形势，以自我为中心。

情景对话

对话一：谨慎措辞

在和投资商谈判的时候，前后矛盾是最忌讳的事情。比如：

"我们项目的投资回报率在百分之十到百分之十五。"

……

"我们这个项目的投资回报率能做到百分之三十，是非常可观的了。"

在这里，如果没有特别的理由将这两句话的矛盾之处合理化，对方就会认为你们连自己的投资回报率都没搞清楚，怎么可能信任你们提出来的方案呢。所以，在谈判的时候，你说出的每一句话都要非常谨慎，要避免前后矛盾的情况出现。

对话二：试探推进

双方争执不下的时候，可以试探性推进，试探对方是否愿意听听你的方案。比如：

"我这里有一个方案，要不你听一下？"
"不行的话，要不这样……"

此时，只要对方没有严重的抗拒情绪，基本都会让你继续说下去。在对方看来，反正你有新的思路，听听也无妨。这样，你就可以把结果导向自己期待的方向。

对话三：抓住机遇

对方对你提出来的方案表示赞同，甚至提起兴趣的时候，就是你的机会到来的时候。比如：

"考虑到贵方在投资回报周期方面的顾虑，我们设置了这样的解决机制和风控计划……但是……"

这个时候，利用共情能力，充分体谅对方的立场，满足对方的诉求，同时用"但"将自己的条件附加上去，设置一个双赢机制，合作会更加容易达成。

知识小链接

负面情绪

负面情绪是心理学上对焦虑、紧张、愤怒、沮丧、悲伤、痛苦等情绪的统称，此类情绪体验是消极的，可能引发身体的不适感，甚至影响工作和生活的顺利进行，进而对身心产生伤害。想要对抗负面情绪，需要建立对生活的信心，从新的事物中汲取力量，获得幸福感，慢慢将过去自己负面情绪中的思维、习惯、人和事都替换成新的、积极的思维的习惯、人和事。

> **小贴士，讲道理**
>
> 　　拿到主导权，掌控节奏，在各类谈判中都非常重要。否则，很容易，并且极大可能成为被动的一方。争夺主导权的机会，就是在双方出现分歧，僵持不下的时候。
>
> 　　谈判要有所突破，就必须消除分歧，而提出有效的解决方案，是消除分歧最好的办法。在这个过程中，负面情绪是最没有必要存在的。如果在谈判场合，会因为个人的负面情绪影响谈判过程，那说明这个人不适合做谈判工作。

10. 背后不说人——只赞美，不非议

《增广贤文》中说："谁人背后不说人，谁人背后无人说。"大意为在背后议论别人是一件非常常见且难以避免的事情。但这已经是过去的认知了，现在我们更应该清楚"三人成虎，众口铄金""好事不出门，坏事传千里"的道理。大多数隐私也好，谣言也好，就是通过"背后议论"这个方式传播出去的。我们要想杜绝这个问题，就要做到背后不说人，或者只赞美、不非议。

技巧通关卡

用途：避免谣言，避免麻烦。

技巧：说话适可而止（避免侃侃而谈）、封锁秘密（不要告诉别人）、不断章取义（不无中生有）。

优势：不让不利于别人或自己的谣言有传播的机会。

注意：克制自己的倾诉欲。

禁忌：断章取义，捏造谣言，说人隐私。

情景对话

对话一：说话适可而止

我们要避免与他人谈论自己或别人的私生活。比如：

"你知道吗？小杨和她老公离婚了，因为……"

"我朋友看到×××的老公在外面有人了，好像还带着一个孩子。"

背后不议论别人，是做人的修养。那些一提到别人的私生活就侃侃而谈的人，也许刚跟你聊完别人的隐私，转头就拿你的隐私去拉近跟另一个人的距离。这样，你的私事一不小心就被传得沸沸扬扬，平添一桩烦心事。

对话二：封锁秘密

如果朋友把秘密告诉你，那你应该知道，这个秘密到你这里就应该结束了，不管是对谁你都不应该提起。如果有人拿那些未经证实的谣言向你传播，你可以：

转移话题："这个不是很清楚，我们聊点别的。"
结束对话："哎，我今天还有点事，得先回去了。"

记住，千万不要参与到对某人隐私的评论中。当别人跟你说："我告诉你一个秘密，你千万不要告诉别人。"最好的办法是告诉对方："千万别说，我怕我保守不住秘密。"

对话三：不断章取义

春秋战国时期，宋国有一个姓丁的人在自家院中打了一口井。打井的时候，他很高兴，就说："太好了，打了井，以后就不需要专门安排一个人去打水或者到河边洗衣服了，这相当于得到了一个劳动力啊。"

谁知这话传出去之后，就成了："丁家打井，挖出一个人来了。"

这就是谣言的恐怖之处，不论多正常的一句话，在经过口口相传之后，就变得面目全非了。别人说什么，我们在理解的时候，要有所保留，不可偏听偏信，也不可断章取义、捏造事实。

知识小链接

谣 言

谣言，指没有事实根据的传闻、捏造的消息、没有公认的传说，等。那些没有事实根据的传闻、捏造的消息，很多是对个人不利的信息，会毁坏个人的名誉、口碑。我们不仅在现实生活中不要成为传谣的帮凶，在网络上也要注意谨言慎行。网络信息传播界域广、体量大，一旦谣言肆意，很容易对当事人造成不可逆的伤害。

小贴士，讲道理

我们控制不了别人，但我们可以控制自己。如果一个谣言传播到我们这里，就到此为止，不再继续传播下去，这就说明我们已经成长为一个负责、有自控力的大人。

谣言止于智者，我们在谈论别人的时候，要谨慎，因为你的无心之失很可能成为谣言的源头，伤害到别人。同时，我们也要懂得调整自己的心态，尽可能做一个平和、与人和睦相处的，不会因为嫉妒、私人恩怨等去制造谣言，报复别人的人。因为今天我们用谣言伤害别人，明天我们很可能就成为谣言的受害者。

11. 拒绝——说"不"的权利及策略

我们的社交是多元而复杂的，我们没有办法满足每一个人的要求，只能根据不同的事情、不同的人做不同的决策。很多时候，别人的请求是需要损耗你的时间、精力，甚至利益的，又或者需要你违背自己的原则。你可以根据对方跟你的亲疏关系，请求的事的合理性程度，做出符合自己心意的抉择。不要因为说"不"困难就勉强做自己不想做的事，因为我们有很多办法轻松"不"。

技巧通关卡

用途： 减少麻烦。
技巧： 直接说"不"（严肃立场）、委婉说"不"（变相拒绝）。
优势： 不违背自己的原则和心意。
注意： 量力而行，有原则。
禁忌： 不设底线。

情景对话

对话一：直接说"不"

不管是谁，如果请求你做的事情是有违道德和法律法规的，你都可以直接说"不"。比如：

"能不能用你的信息帮我贷一下款。"
"有一个人得罪了我，你能不能找几个人帮我教训一下他，揍他一顿。"
……

遇到不合理的要求，要懂得强调自己的立场，大胆说"不"。如果对方是不靠谱、不值得结交和信赖的人，尽可能地远离他，避免给自己带来不必要的麻烦。

对话二：委婉说"不"

萧伯纳是爱尔兰著名的剧作家、诺贝尔文学奖获得者。一个姿色迷人的女演员非常崇拜萧伯纳，一次宴会上，这名女演员终于见到萧伯纳，她自信满满地对萧伯纳说："我有美貌，你有才华，如果能一起生一个孩子，孩子将来一定出类拔萃。"

萧伯纳听完后，礼貌地笑着说："您说得很对，但如果孩子继承的是我的相貌、你的才华，那怎么样呢？"萧伯纳的拒绝之意已经在这句玩笑话中表现出来了，女演员明白了萧伯纳的言外之意后，只能失望地离开宴会。女演员失落一阵之后，不仅没有因此怨恨萧伯纳，反而觉得萧伯纳是一个正人君子，于是成了萧伯纳忠实的读者，而萧伯纳也欣赏女演员的演技，两人渐渐成了无话不谈的好朋友。

如果一些拒绝可能会伤害到对方的自尊或双方的情谊，那就采用一些策略，委婉地说"不"，比如设置障碍、岔开话题、保持沉默，让对方能够知难而退。

知识小链接

原则性问题

原则性问题，广义上指做人、做事侵犯了国家法律、道德底线或公众共同认知的理念，侵害了国家、集体的利益，冒犯了个人尊严、基本人权等的问题；狭义上指做人、做事侵犯了某个人处事的态度底线（如宗教信仰、对某事物的偏好等）的问题。一般来讲，说一个人没有原则性问题，大都指此人没有触犯法律，不损害国家、集体及个人利益，不损害个人尊严。如果触犯了原则性问题，通常是不可逆的、无可挽回的，是不被原谅、不被饶恕的，是要被严肃处理的。

小贴士，讲道理

我们只有好好爱自己，让自己处在满意的状态，才能正确地看待世界、善意地看待世界、包容地看待世界。所以，不为难自己，并不是自私自利的行为，拒绝别人也不是在得罪或者伤害别人。

拒绝，不应该是令人为难的事情，对不合理的要求提出拒绝是一个人的权利。我们如果能在不为难自己，也不伤害别人的情况下拒绝别人，是最好的，但如果是一些涉及原则性问题，或者无法委婉拒绝的，也要能果断、直接地拒绝。我们在社会上生活，爱护好自己，是一切的前提。

第五章 职场、商务

　　职场上的很多场合都需要有敏捷的对话反应能力。不管是在普通同事之间、上下级之间，或者与客户互动交流的时候，都可能遇到各种各样需要你给出积极回应的场合。在这种时候，如果你有应对的能力，那在职场社交中基本就能游刃有余。本章为大家挑选一些常见但需要高情商回应的场合作为案例，给出一些接话回话的方案，以做参考。

1. 应对上司的夸奖

被上司夸奖，是工作中比较常见的情境。这种夸奖既是一种肯定，也是一次机会。高情商的人在面对上司的夸奖时，会高兴地表示感谢，同时也不居功自傲，懂得把荣誉分享出去，让大家一起受荣，让别人的劳动也得到认可，最后还会对未来展开期望，表示继续努力的决心。

技巧通关卡

用途：提升形象，减少嫉妒。
技巧：表感谢（要真诚）、分享荣誉（给团队）、表明期望（要谦虚）等。
优势：既接受夸奖，又让众人心服口服。
注意：谦虚，坦然。
禁忌：慌张，不知所措，骄傲自满。

情景对话

对话一：表感谢

被上司夸奖时，我们首先要真诚地表示感谢。表示感谢的时候，用语要简洁真诚，比如：

"谢谢您的认可，我会继续努力做到更好。"
"非常感谢您的夸奖，我感到非常荣幸。"

表示感谢不仅仅是一种礼貌，更能表现出你谦虚和感恩的品质。而这种互动式回应打造的是积极的氛围，能让上司觉得自己没有夸错人。

对话二：分享荣誉

当一个人受到夸奖的时候，永远不要忘记自己的团队（同事），要把荣誉分享出去。高情商的回应方式是：

"这个成就是团队协作的结果，我很幸运，能在这样出色的团队中工作。"

"我们的团队为此付出了巨大的努力，这次的成绩是所有团队成员共同努力的结果。"

在团队工作中，一个人的成就绝对不是一个人的功劳。将荣誉分享给团队，既是对团队成员工作的认可，也是强化团队凝聚力，消减因为付出努力却得不到荣誉的成员的嫉妒心。

对话三：表明期望

受到上司的夸奖，自己接话发表感言的时候，要在最后谦逊地表明自己的期望。高情商的人会说：

"这次的成绩是一个新的起点，我会继续努力，争取更好的表现。"

"您的夸奖，是对我极大的激励，我会继续成长，积极寻求改进的机会。"

不论是否当着大家的面，都应该向上司表明自己期望继续提高和进步。让上司感受到你的谦逊和努力，而不是因为受到了一次夸奖就沾沾自喜、骄傲自大。

知识小链接

居功自傲

居功自傲，指自以为有功劳而骄傲自大，目空一切。自古以来，居功自傲的人都没有好下场。盈满则亏，在我们收获荣誉的时候，一定不要把所有的功劳都揽在自己的身上，而是把功劳让出去。否则，如果出现你的同事不甘心，你的上司不放心，进而防备你、为难你的情况，你就很难继续开展工作了。

✓ 小贴士，讲道理

在职场中，一个人对另一个人的看法和态度，瞬息万变。如果我们不时刻保持清醒的大脑，很可能因为一些细节不到位，为自己埋下祸根。所以，职场是一个需要时刻保持清醒的头脑的地方。

你要想洞察上司的心思、了解下属的期望，成为同事值得信赖的伙伴，就要平衡好各方的期待和利益，让自己融入团队，成为团队中的一员。独行快，众行远，在需要团队协作才能完成的事情上，孤狼获得的成就，永远没有团队凝聚力量之后获得的成就高。

2. 应对上司的批评

在受到上司批评的时候，很多人会不知所措，甚至控制不住自己的情绪，和上司大吵一架。但这种处理方式，虽然能让情绪得到发泄，但对自己未来的发展是很不利的。高情商的人，在受到上司批评时，首先摆正态度，积极改错；其次进行沟通，进一步理解上司的要求和预期；最后调整自己的心态，理解上司，感谢上司让自己有改错和提升能力的机会。

技巧通关卡

用途：增进与上司的默契关系，提升工作能力。
技巧：积极改错（举一反三）、做好沟通（与上司协调）、理解上司（不要怨恨）。
优势：借助机会提升自己，让上司刮目相看。
注意：抓住机会。
禁忌：心怀怨恨，不服气，恃才傲物。

情景对话

对话一：积极改错

在受到上司的批评之后，首先不要情绪化，而是接受批评，积极改错。高情商的回复方式是：

"领导，我马上复盘工作，进行调整。"
"领导，我梳理一下，马上解决。"

在接受上司的批评之后，你需要把注意力放到相关的工作上来，分析问题的原因，思考对策。如果能举一反三地把有类似问题的其他工作也调整一下的话，上司心中的那点责怪会荡然无存，反而会倍感欣慰。

对话二：做好沟通

在拟订解决方案之后，不要急着马上实行，而是跟上司积极沟通。并且在拟订解决方案之前，如果有疑惑不明之处，或者担心自己的理解与上司的要求会有差异的话，可以要求跟上司进行沟通，以防还有漏洞。比如：

"领导，目前存在的问题是……其他还有没有什么需要注意的？"
"领导，那针对这个问题，做一个方案，您到时候看看可不可行？"

与上司进行沟通和协调，能让你的工作成果和上司的期望尽可能统一一致，避免上司要求这样，你做成那样的局面，否则你做得再好，也很难受到认可。

对话三：理解上司

在职场中，上司、下属都有各自的职权和需要承担的责任，有这份权力，代表有同样的责任需要承担。在接受上司批评的时候，高情商的人会说：

"我知道了，领导！马上进行调整。"
"谢谢领导，还好领导帮我指出错误。"

不管你的能力是不是比上司优秀，都需要尽可能配合上司的工作，把事情做好，而不是自恃有才，就看不起上司、反驳上司，这样对团队来说是有害无益的。

知识小链接

情绪化

情绪化，指一个人的心理状态，容易因为一些或大或小的因素发生情绪波动，喜怒哀乐经常会不经意间转换，前一秒还是高高兴兴的，后一秒就闷闷不乐、焦躁不安。情绪化的人容易发脾气，无法控制自己的情绪，甚至会出现攻击行为或暴力行为，他们常常担心未来，或者因为一点小事就沮丧和失落。情绪化的人需要增强理性思考能力，学会理解他人，训练自己控制自己的情绪。

✓ 小贴士，讲道理

在批评一个人的时候，其实批评者也是有压力的。如果不是这个问题必须说出来、必须解决，很多人都是不愿意多嘴的，因为批评别人是非常得罪人的事情。但作为领导，他有自己的职责，如果视而不见，或太过心软，就很难坚守自己的职责，自己的工作和团队工作都会出现问题。所以，在受到领导批评的时候，如果能理解领导的立场，就不会感到愤怒。

同时，我们每个人都有需要成长的地方，没有人不犯错，出现问题最重要的是接下来怎么做、未来怎么做，因此不需要感到羞愧难当，反而应该为发现了问题而感到高兴。另外，挑货才是卖货人，领导批评你，其实说明他还是认可你的，希望你继续做下去，希望你做得更好才对你提出批评。否则他不会管你，客客气气让你离开团队就行了，何必得罪你呢？

3. 下属心生抱怨，不配合工作

在职场中，下属心生抱怨，不配合工作，说明我们的领导力遇到了挑战。下属心生抱怨是我们常会遇到的问题，其中的原因可能多种多样，但出现不配合工作的情况，就意味着需要及时处理。面对这种情况，首先要跟员工进行沟通，根据沟通的结果调整工作，解决员工积怨的源头；其次建立有效的奖励机制，调动员工的积极性；最后，要学会向自己的直属领导寻求帮助，获得更大的支持。

技巧通关卡

用途：化解冲突，消解恩怨，提高工作效率。
技巧：沟通调整（调整工作）、激励奖励（调动积极性）、寻求支持（找领导）等。
优势：保证上司的工作持续、高效地进行下去。
注意：保持稳定的情绪。
禁忌：打击报复，公报私仇，责怪员工。

情景对话

对话一：沟通调整

与下属沟通，尤其在下属心生抱怨的时候，指责和批评都是无效的。我们需要开一个口，让下属把心里话说出来。可以问他：

"最近工作是不是很累？有没有什么是我能帮你做的？"

"最近状态不太好吗？需要我做什么吗？"

了解下属的诉求之后，根据情况，对下属的工作进行调整。如果不是员工自身的问题，必要的时候，需要对团队的工作分配进行重新调整。

对话二：激励奖励

如果下属不配合工作，大部分原因是缺乏积极性。调动积极性的方法不少，但最实用的就是奖励，提供物质奖励，同时在精神上予以认可和鼓励。

你可以整体调整之后，对团队说：

"大家工作辛苦，我们都看得到，介于大家过去取得的成绩和付出的辛劳，我向公司为大家争取福利，出了一个新的奖励机制，具体是……希望大家继续努力，都可以收获颇丰。"

也可以与不配合工作的员工单独沟通：

"你的工作确实非常辛苦，所以我向公司为你争取了一些福利，对你的薪资进行了调整，在工作上也重新进行分配。希望你再接再厉！"

一个工作，总有不顺心的、难的地方，下属心生抱怨，不配合工作，很可能是积极性不够。而利益，是最能激励人的积极性的了。下属积极性不高的时候，如果是待遇不够合理，就应该适时做出调整。

对话三：寻求支持

如果前面两种方法都解决不了问题，那你可以寻求更大的支持，比如找你的直属上司，听听他的意见。你可以和上司说：

"领导，现在有这样一个问题，我需要听听你的意见……"

"领导，现在有这样一个问题，我需要你的帮助……"

你可以从上司那里获得一些建议或者资源支持，同时也能提前给上司打一剂预防针，避免问题扩大的时候你的上司出现一无所知的状态。

知识小链接

领导力

领导力，能激励人们跟随领导达成目的的能力。它是一系列行为的组合，出现在各个领域的各个层次，是我们做好每一件事的核心。一个缺乏领导力的领导，很难让下属信服，不信服的下属常常不会心甘情愿地配合工作，这将极大地阻碍团队工作的顺利进行，也会影响团队氛围。所以，作为一个领导，团队出现问题的时候，首先应该反思和提升的是自己的领导力，而不是向外责备，让别人去承担责任。

✓ 小贴士，讲道理

拥有良好的团队氛围、积极配合的下属，是每一个领导都梦寐以求的事情。但事实上，这些东西的获得并不是一朝一夕的事情。所以在工作的过程中，我们需要处理团队中有情绪问题或出现工作错误的员工。

领导之于下属，一定是先有威信，再有感情的，否则一个老好人的领导，只会让下属小看并更加肆无忌惮。

4. 职位晋升——上级变下属，下属变上级

在职场中，上级变下属、下属变上级的情况并不少见。不管是升职变成上级，还是降职变成下属，双方都面临一个重要的挑战——彼此如何在工作上相处和适应？这是考验一个人情商和智商的关键时刻，但不管如何处理，最终都要实现团队协作，而不是相互掣肘。在这里给出两个建议：一是展开沟通，获得对方的支持；二是观察沟通效果，看看后续发展，再酌情处理。

技巧通关卡

用途：化敌为友，构建新的合作关系。
技巧：展开沟通（获得支持）、观察后续（酌情处理）等。
优势：为未来共事、合作扫除潜在的风险。
注意：最好的合作是共赢。
禁忌：心胸狭窄，穷追猛打。

情景对话

对话一：展开沟通

（一）

如果你是升职的一方，可能意味着你个人工作能力强，但对方在领导岗位上待过，或多或少，依旧具备一定的号召力，可以把对方当作一个元老，让对方感觉自己依旧获得尊重和认可，放下心防来辅助自己。这时候，高情商的人就会说：

"虽然我的工作调动了，但我刚开始做这个工作，肯定经验不足，依旧需要你的支持。"

"你在很多工作方面的处理上，肯定比我更成熟，我希望能够获得你的帮助。"

化敌为友，是战争最高级、最划算的打法。

（二）

如果你是降职的一方，首先需要调整自己的心态，反思自己被降职的原因，是思想僵化、退步，还是对方更符合公司的发展需求。不管如何，只要你不打算离职，都需要化解新领导的戒心，让其能够信任自己，放心发挥自己在工作上的特长。这时候，你可以说：

"过去我一直觉得有些力不从心。还好你升职了，总算有人可以带领我们一起工作，我也可以好好发挥我的特长。我相信你是一个好领导，如果有什么我可以做的，你随时吩咐就行。"

在有些情况下，低头并不可耻，而是胸怀宽广的体现。

对话二：观察后续

在做好上述沟通的前提下，观察对方的后续表现，看看彼此是否已经解开心结，精诚合作。比如在你做一个决策的时候，对方是否会拆台，跳出来反对，又或者是补充更好的意见，支持你的工作。如果对方不出声，也不作为，你可以适当地释放善意，必要时征求对方的意见，或者给对方提一些工作要求。你可以说：

"这个工作安排，您还有什么需要补充的吗？"
"这个工作，您有什么建议吗？"
"这个工作很重要，可以交给您帮我盯好它吗？"

获得尊重和认可，发挥价值，得到利益，是每个人对职场生活的追求和期待。从这几个方面下手，大多数时候你都能得到你想要的结果。

知识小链接

团队协作

团队协作是实现团队管理的重要一环，它可以培养团队的向心力。古今中外，人是无法凭借个人力量就成功的，但如果能利用团队的团队协作精神，必将形成一股强大而且持久的力量，最终让整个团队登上顶峰。

小贴士，讲道理

职场从来都是庸者让、能者上的地方。如果你有幸上升，你要考虑路还很长远，你还要继续往前走，你需要更多的支持，而不是傲慢地打压异己、报复私仇。如果你不幸降职，不要气馁，时移世易，只要你自己在不断进步，终究会找到属于自己的舞台，发挥自己的特长，获得成功。

在职场中，应该尽可能避免树敌，最后可能会落得无人可用的境地。要知道，人心都是肉长的，你给别人以尊重，别人也会尊重你。利益虽然会让人互相竞争，但在无法改变的事实面前，给别人一条路，帮助他尽可能获得应得的利益，才是职场相处之道。

5. 职场霸凌——被排挤

职场上，强大的人会获得尊重，弱小的人不仅得不到晋升，还可能被抛弃。职场的资源有限，而且得利者永远希望得到更多的利益。如果你是弱势的一方，就很可能在职场步履维艰；如果你只会随波逐流，就很容易被人利用。要解决这些问题，就需要自己强大起来。

技巧通关卡

用途：减少嫉妒，避免"背锅"。

技巧：调整心态（保持低调）、分享功劳（不居功自傲）、刚柔并济（不受欺负）等。

优势：化敌为友，有效分散敌方力量，避免陷入不必要的麻烦和困境当中。

注意：不随便站队。

禁忌：软弱，两面派。

情景对话

对话一：调整心态

别人说工作以外的闲话，听听就好，不要发表意见。被询问意见的时候，可以说：

"不是很清楚。"
"不了解。"

职场，永远以工作能力为第一要务，你要做的是深耕自己的工作技能。如果你是公司的"小透明"，或者刚刚到一个公司，对公司的情况还不甚了解，那你最好保持低调。如果你发现别人在拉帮结派，绝对不要参与其中。

对话二：分享功劳

一有功劳，就扬扬得意，很容易遭人嫉妒，从而被抱团排挤。受到表扬，或者获得好处的时候，一定学会与团队共享。你可以说：

"这是大家的功劳，应该大家共享劳动成果。"
"小组其他成员给了我很大的帮助。"

在这样点点滴滴、无形中的分享里，你渐渐就能获得大部分人的认可，消散他们的敌意。至于少部分人，当他们失去拉帮结派对付你的可能，也就不足为虑了。

对话三：刚柔并济

职场上只会释放善意，并不一定会有好的结果。适当的时候，你要适当表现出自己不好惹的样子。

（一）

如果一个人指派你做工作以外的事，你可以说：

"我不做。"

甚至连多余的话语都不用说，你只要用坚定的眼神，淡笑着看向对方，对方自然就明白你不是好惹的了。

（二）

如果一个人把自己的工作转嫁给你，你可以去找领导复盘：

"领导，我现在的工作是不是做了调整？我确认一下，××的工作现在是我在接手，对吗？"

请求领导帮忙，可以间接地让领导明白你的处境，或者让领导做出调整，或者哪一天如果发生你被栽赃陷害之类的情况时，领导在做判断的时候，不会偏听偏信，而是有所保留。

（三）

如果为难你的恰恰是你的领导呢？

你可以等待时机。

因为一个不把注意力放在工作上，只会搞对立，又不会团结下属的领导，不可能不犯任何错误。你只需要静静等待对方犯错的时机即可。

知识小链接

霸凌

霸凌，通常是指人与人之间权利不平等的欺凌与压迫，包括肢体攻击、言语攻击，以及人际互动中的抗拒与排挤，有可能出现类似性骚扰的言论，或对身体部位的嘲讽、评论或讥笑，也有可能是因为嫉妒等个人因素对别人进行的辱骂和讽刺。霸凌现象长期存在于社会当中，不管是在职场还是日常生活中，我们都要足够敏锐，并学习在遇到霸凌的时候正确的应对方法。

✓ 小贴士，讲道理

"楚客莫言山势险，世人心更险如山。"人心，比我们想象得还要复杂。这是成年之后，每个人都要懂得并理解的常识。欺软怕硬是人的本性，尽管我们有道德、法律以及自身的教养在维系我们的良知，但每一个人的底线并不都是一样的。

我们时常反省自己，不会纵容自己，但也不纵容他人。所以，当我们遇到霸凌的时候，一定要有勇气为自己争取应有的权利、尊重和生活空间。职场，是一个持续展现自身工作能力的地方，一个能力优秀的人、一个踏实工作的人，不可能走到哪里都受人排挤。如果你抗争不过，还可以选择换一个环境，找另一个地方实现你的个人价值。如果有必要，你也要懂得使用法律武器来保护自己。

6. 如何提要求、提意见

在工作中，我们经常需要向同事或上级提出一些请求来帮我们完成工作，或者请求涨工资让我们的劳动得到应有的回报等。在工作中，有些利益必须争取，有些要求必须提，否则会影响你的工作和生活。但在向别人提要求的时候，有些人总会觉得这是麻烦别人的事情，或者因为害怕受到拒绝和刁难就选择沉默隐忍。所以我们总结了一些办法，供你在向同事或领导提意见的时候参考使用。

技巧通关卡

用途：争取利益，改善工作。
技巧：具体描述（言辞清晰）、礼貌自信（不强硬）、考虑对方立场（顾全大局）等。
优势：用恰当的方式争取自己的利益。
注意：顾全大局。
禁忌：粗暴无礼，自私自利，言辞含混不清。

情景对话

对话一：具体描述

在提要求或意见的时候，不要模棱两可，诉求要清晰。比如：
"这项工作我还需要两周，也就是14天的时间。"
"这份文件必须在领导签字之后，我才能按上面的要求执行。"
"我希望我的工资，下个月能提高百分之四十。"

不管什么样的支持或帮助，都需要描述具体，最好明确到时间点之类的细节上。避免使用模糊不清的言辞，导致同事或上级产生困惑或误解。

对话二：礼貌自信

在表达自己的诉求时，要使用礼貌而自信的语言，多使用"很抱歉""不好意思""对不起""请""麻烦您"之类的语言。比如：

"麻烦您找领导在文件的这个地方签字盖章！"
"请您在10天之内务必把报告给我。"

不强硬、礼貌、自信的根源，是内心的自信和冷静：不会觉得对方如何不对，不会觉得自己如何委屈，也不会认为自己的要求如何不合理。

对话三：考虑对方立场

一个合理的要求，一定是顾全大局的，否则很难有期待的结果。如果你想引导对方像你一样思考，一定要打消他对大局的顾虑。比如：

"把这个工作推到10天之后，另一个工作没有那些特殊的要求，可以提到前面来，在这10天内完成。这样就不影响整体进度了。"
"我的工资比同等级的平均工资低很多，就连技术级别比我低的同事，工资也比我高。所以，我的工资最起码应该上浮到正常水平。"

充分考虑对方的立场，帮助对方消除心中的疑虑，更有利于让对方放心地答应你的要求、考虑你的意见。

知识小链接

顾全大局

顾全大局，指从整体的利益着想，使整体利益不遭受损害。职场工作，几乎没有单打独斗的，领导在考虑一件事情的时候，往往是从大局出发的。所以当我们在向领导提意见或者提要求的时候，也需要有全局思想，顾全大局。不然，领导很难支持你的想法。

✓ 小贴士，讲道理

建立良好工作关系，有效沟通是重要的一环。建立有效沟通机制，一个重要的点就是换位思考、顾及他人的利益。在大多数情况下，为了团队工作，只要不触犯自身的利益，或触犯自身利益但有所补偿的情况下，很多人还是愿意配合集体安排的。

如果我们所提的要求或建议被拒绝，可以尝试询问原因，进一步协商解决。"此路不通通彼路"，如果这个方法不行，可以考虑另一个方法，不一定非要在一棵树上吊死，更没有必要因此怨恨别人、报复别人。过于情绪化，产生怨恨或报复心理，只会影响我的身心健康，进而影响我们的生活，得不偿失。

7. 工作进度汇报

领导向你询问工作进度如何的时候，怎么汇报最合适？领导了解工作的进展情况，一方面是为了接下来方便决策调度，另一方面是要确保工作没有偏离航向。而我们在汇报工作的时候，需要做到点面结合，简明扼要。把进展顺利的地方放到前面，阐述完毕之后，再把有问题、需要支持的地方汇总起来，请求领导支持。

技巧通关卡

用途：统一工作方向，协调进度。
技巧：抓重点（说整体进度）、突出亮点（提炼内容）、汇总问题（寻求支持）等。
优势：让领导掌握工作进展情况，方便其决策调度，确保工作不偏离航向。
注意：实事求是，精简明确。
禁忌：含混不清，繁长冗杂。

情景对话

对话一：抓重点

因为这是某个工作过程中的汇报，并不是年终总结，不需要长篇大论，而需要简明一些，让领导能够快速抓到重点，了解情况即可。比如：

"当前工作完成百分之 __，后面的工作计划是 _____，预计 × 月 × 日完成。目前遇到的困难有 _____，需要 _____ 支持。"

这基本是一个万能公式，只要把具体的内容套进去，最起码能把工作进度汇报得清晰明了。

对话二：突出亮点

汇报的时候，避免使用"大概""明显变化""一些"之类的字眼，一些亮点要用明确的数字凸显出来。比如：

公式：突出亮点＝数字＋背后的问题／成绩／建议（数字要体现工作能力，不仅仅是工作量）

"本月线下活动_____场，每期活动参加人数_____人，会员增长_____人，转化率达百分之___。线上活动是_____，转化率达百分之____。"

用明确的数字、清晰的格式，有逻辑和节奏的语言，不论是书面汇报还是口头汇报，都能做成一份让人眼前一亮的工作进度汇报来。

对话三：汇总问题

在做工作进度汇报的时候，遇到的问题、自己的解决方案、需要获得的支持，最好汇总在一起，集中汇报。不然，领导记不住，容易产生问题很多的感觉。可以说：

"目前的困难是_____，建议_____处理，需要_____支持。"

在汇报的时候，好消息建议一个一个汇报，坏消息建议汇总在一起汇报。

知识小链接

工作总结

工作总结，指对一个时间段的工作进行一次全面系统的总检查、总评价、总分析、总研究，分析不足之处，做出调整，再制订下一步工作计划的过程。工作总结反映在书面上属于应用文写作的一种，是对过往工作的理性思考，是在总结经验的基础上进行的。其间的一条路径规律是：计划—实践—总结—再计划—再实践—再总结。

小贴士，讲道理

积极给领导汇报工作，能让领导掌握你工作有成效的地方、付出努力的地方、遇到困难的地方，在你遇到困难的时候，就能准确地施加帮助，而不会出现疑惑不解、不明所以的情况。

另外，工作中遇到困难的时候，千万不要不吭声或者试图隐瞒，及时汇报，及时寻求支持才是正确的做法。如果你完全不汇报，领导就无法了解你的工作情况，有可能在那里努力半天，一个问题暴露出来，就令你失去领导的信任，同时还得担全部的责任。

8. 与上司去谈业务，需要注意什么？

如果没有经验，忽然与上司一起去谈业务，你可能会感到不知所措。但只要把情况梳理清楚，搞清楚自己扮演的角色，注意仪容着装，记住上司特地交代的事情，提前获取客户信息，提前和上司商量好谈判策略。然后，在谈判的过程中随机应变，寻找漏洞，尽可能在达成合作的前提下，为公司争取最大利益。

技巧通关卡

用途：辅助上司，化解危机，完成目标。
技巧：同步信息（与上司同步）、明确角色（衬托上司）、跟上节奏（不神思游离）等。
优势：协助上司为公司争取最大的利润空间。
注意：随机应变。
禁忌：准备不充分，不在状态。

情景与技巧

技巧一：同步信息

在与客户见面之前，你需要整理所有可能影响业务判断的信息，提前交给你的上司，帮助他做准备。可以梳理如下几个信息：

（1）此次见面的目的。
（2）之前的沟通背景。
（3）见面当天的流程。
（4）客户信息（包括客户的隐形信息）。

如果这些信息掌握在上司手里，而你还不清楚自己要扮演的角色到底

是辅助谈判,还是纯粹去凑个人数,你可以需要根据情况询问,比如:

"领导,这个客户的信息我需不需要了解一下,为谈业务做准备?"

这时上司就会把信息传递给你,你可以据此判断自己需要扮演的角色,以及需要做多少准备。总之,准备的时候多问一问,不会有错。

技巧二:明确角色

角色弄明白之后,如果你是项目的主要负责人,上司是帮助你谈下业务的,那在跟客户见面之前,你需要和你的上司确认各自扮演的角色,到时候方便配合,比如:

(1)谁负责主谈,谁负责补充。
(2)谁负责方案讲解,谁负责谈合作条件。

一般情况下,由你——也就是项目的主要负责人——来做方案阐述,然后上司进行补充和升华。但是,如果对方做方案阐述的是上司,那你这边做方案阐述的也应该是你的上司。

在整个商谈过程中,你要帮助你的上司呈现专业姿态,辅助上司获得客户的认可和信任。最简单的方式就是,在无形中,把上司当作自己尊敬的老师或权威的专家对待,表现出十分的敬重,但又不谄媚。不要去展示你和你的上司的私人关系,比如开玩笑:

"你看,我们领导聪明绝顶。"

上司若有不当之处:如果不影响谈判,不要当场说,要私下提醒上司;如果影响谈判,就温和、委婉地替上司换一个解释,帮上司兜底。

技巧三:跟上节奏

在商谈的过程中,一定要紧紧跟上双方的节奏,一边守住己方的底线,一边在接触客户的过程中挖掘有用的信息,方便进一步调整谈判节奏。要注意的点有以下几个。

（1）多听多看，要重视谈话中的关键信息。

（2）谈判陷入僵局的时候，平衡双方的利益，找到破局点。

（3）针锋相对的时候，可以放弃客户关注的点，从其他方面去争取利益。

（4）价格谈不拢的时候，就谈数量，数量上来了，利润也就有保障了。

跟客户谈判，要集中注意力，避免自己不在状态，否则很难充分保障己方利益，被对方抓住机会，很可能谈出亏本买卖来。

知识小链接

隐性信息

隐性信息，指那些查不到、不公开的信息，或者在对接的过程中观察到的信息，比如个人的性格、喜好、生活状况等。客户的隐性信息，是在客户信息收集的时候最容易被忽略的信息，但这些信息往往可以成为破局的关键。在一场重要的业务洽谈中，应尽可能多地掌握隐性信息。毕竟，多一个信息，多一分把握。

✓ 小贴士，讲道理

在跟随上司谈业务的时候，要记住一视同仁的原则。在端茶倒水、态度及服务方面，都尽可能做好对上司和对客户一致，不要在客户面前只给上司倒水，只关注上司口味和喜好，做一些本末倒置的事情。

但如果在看到上司被客户针对时，千万不要不知所措。很多话，上司不方便说，但你作为员工，可以大胆地说出来，这样既能帮助上司解围，又能掌握话语权。即便有说得太过的地方，上司假装呵斥，你顺着台阶溜下来就是了。千万不要被自己的情绪左右，因为客户一些不恰当的行为就生气发火——这样是解决不了问题的。

9. 招待客户，应该注意什么？

招待客户，是非常重要的商务活动，它可以辅助我们建立并巩固与客户的关系，提高客户的满意度，增加业务合作的机会。而"投其所好，尽地主之谊"，是招待客户的关键密码。在招待客户的过程中，我们需要注意细节，根据客户的需求、客户的文化背景以及我们自身的环境条件和经济条件进行合理安排，务必做到精准到位。

技巧通关卡

用途：让客户满意，增加合作机会，巩固与客户的关系。
技巧：充分沟通（掌握信息）、提前安排（控制预算）、注意细节（投其所好）、及时反馈（表示感谢）。
优势：促成与客户的业务合作。
注意：了解客户的需求，结合自身的优势。
禁忌：不沟通，自作主张。

情景与技巧

技巧一：充分沟通

在招待客户之前，要先了解客户的个人喜好、文化背景、饮食习惯等，再根据这些情况选择合适的活动和场地。如果对方有助理，可以与对方的助理提前做一个沟通：

"××先生/女士，下周四周总带团对我们北京总公司进行访问，请问周总在住宿饮食方面需要注意什么？有没有忌口之类的情况？"

如果客户给出信息、建议或要求，要认真倾听并采取行动满足客户的要求。在活动期间，还要主动与客户沟通，确保他们对活动的安排感到满意。

技巧二：提前安排

招待的时间、地点，以及活动流程，都需要提前安排。具体有：

（1）确保时间和地点不会与客户的其他安排冲突。
（2）地点确保交通方便，有足够的空间来容纳客户和己方团队。
（3）预算控制在合理范围内。

招待客户要注意控制预算，活动和场所都需要根据预算来选择，确保在合理范围内提供高品质的服务。

技巧三：注意细节

在招待客户时，提供独特的体验可以给客户留下深刻的印象，增加业务合作的机会。比如：

（1）餐饮：考虑客户的饮食习惯和偏好，确保提供高品质的饮食。（如果客户有素食、无麸质饮食等特殊的饮食要求，需要提前与餐厅等活动场所沟通。）
（2）可以带客户参观当地的景点，安排特色参观等特别的活动。

在招待客户的时候，要着装得体，注意细节，保持良好的言谈举止，注意用餐礼仪，对客户的需求要给到及时周到的回应。

技巧四：及时反馈

在招待结束之后，要及时跟进，可以通过电话等方式，对客户的支持和来访表示感谢，并再次表达对未来合作的期待。比如：

"××先生/女士，您好！感谢贵方此次来访，如果招待不周，还请多多包涵。期待不久的将来，您能再次来访！期待我们双方未来的深入合作。"

招待后的反馈方式多种多样，可以是一通电话、一张卡片、一封邮件，可以根据客户的习惯偏好选择一个最容易被对方接纳又不突兀的方式，内容力求简短明了。

知识小链接

预 算

预算，指各种支出或费用的预计，如经费预算、企业管理费预算、工程预算等，也指国家机关、团体和企事业单位等对于未来的一定时期内的收入和支出的计划，如年度预算。做预算最重要的作用就是控制费用支出，以防费用超支，增加业务营运风险。预算确定之后，需要在预算范围内安排项目活动。

小贴士，讲道理

招待客户需要周密的计划，贴心的服务。我们要关注客户的需求，通过合理的安排，为客户提供优质的餐饮、有趣的活动，营造一个增加业务合作机会的愉快氛围。

在招待客户的时候，并不是规格越高越好，而是要结合客户的喜好，做到出彩才好。在整个招待过程中，若能体现我们对客户的重视程度和用心程度，是最能打动人心的。安排招待活动的人最好熟悉当地特色，安排一些当地独有的特色活动，让客户有新的体验和感受，并留下深刻的印象。

10. 客户当着上司的面称赞你，上司当着客户的面称赞你

如果客户当着你上司的面称赞你，或者上司当着客户的面称赞你，你要怎么接话？这话如果接好了，既能表现你的高情商，又能让客户和上司都满意，皆大欢喜。如果接不好，就会显得称赞者很尴尬，让气氛瞬间坠入冰点。所以在接话的时候，要根据具体情况，或者转移夸赞，或者幽默地接受，或者谦逊地将夸赞转为一种鞭策。选择什么策略，需要根据实际情况来定，并不是随机选择的。

技巧通关卡

用途：升华主题，体现情商，活跃气氛。

技巧：夸赞转移（转给领导）、欣然接受（幽默以对）、转为鞭策（谦逊感恩）。

优势：提高客户印象，促进双方关系。

注意：自然大方。

禁忌：语言僵化，表情尴尬，不知所措。

情景对话

对话一：夸赞转移

假如客户也是一个领导者，他夸奖你的时候，你可以把这夸赞转移给自己的上司。

错误接话："没有没有。"

高情商接话："杨总，我们想认识您很久了，我们领导早就跟我说过您的事，真让我受益匪浅。领导跟我说，李总今天是百忙之中过来的，让我一定要好好接待。希望李总今后多抽空来指导我们。"

转移夸奖的时候，可以根据情况，是在愉快的气氛中直接转移，还可以像上面的案例中一样有头有尾、礼貌谦虚地间接转移。

对话二：欣然接受

假如夸奖自己的客户与自己同级别相同，这个时候就可以欣然接受，幽默地回应，可以拉近彼此的距离。

错误接话："没有你说的那么好。"

高情商接话："这可是你第一次在我领导面前夸奖我，以前你都是私下夸，领导哪儿听得见呀？得像现在这样在领导面前夸我，这才算数。"

此时客户的级别比你的上司低，就不适合把这份夸奖转移给你的上司，而应该用幽默的话语承下这份夸赞。

对话三：转为鞭策

假如你自己的上司在客户面前夸你，你怎么接话才恰当呢？

错误接话："领导过奖了。"

高情商接话："这要感谢领导给我机会。我刚来的时候，您就跟我说，一定要把客户的要求放在第一位。我始终牢记这句话，如果没有您的指导，就不会有我今天的成长。"

把上司的夸赞，变成上司对你的鞭策的结果，谦虚而感恩地把功劳推给你的上司。

知识小链接

感　恩

与上司相处，除了能力之外，最重要的是感恩。上司面对新人员工或下属都会额外给一些引导。很多上司在指导下属的时候，除了提升下属业务能力外，真正想要的并不是什么物质回报，而是下属心里知道自己的进步里有上司的功劳，懂得感恩。所以很多上下级之间，发展到最后会变成亦师亦友的良好关系。因此，在职场中对上司感恩，并不是一种谄媚，也不是虚伪的表示，而是应该从心底认识到上司对自己的帮助与照顾。

✓ 小贴士，讲道理

　　团结内部，相互打配合，一起谈下客户，这是职场最理想的搭档。我们在对外谈判、沟通客户之前，要尽可能选择相互了解、彼此默契的搭档，这样才能在谈判的关键时刻相互配合。

　　另外，在跟客户沟通的时候，相互了解、配合默契的搭档要注意避免抱作一团的态势，以免让客户有被孤立的感觉。轻松的活动安排，可以让客户彻底放下心防，积极主动、自觉自愿地配合我们达到目的。

11. 与客户的线上交流，应该注意什么？

线上商务交流与线上日常交流不同，需要注意的点、使用语言的谨慎程度，都有差别。我们在线上进行商务交流，要注意及时回应，处理事情有交代，交代也有理有据。同时也要注意言辞，不要太过随意，尤其使用那些太生活化、太随意的网络用语，容易给人不谨慎、不可靠，或者没礼貌的感觉。

技巧通关卡

用途：增强沟通效率，方便快捷。

技巧：及时回应（认真反馈）、交代有理有据（给细节信息）、慎用网络语言（态度谨慎）等。

优势：快速、及时地对接双方的需求或处理反馈信息。

注意：及时回应。

禁忌：承诺失守，不理不睬。

情景对话

对话一：及时回应

客户问："什么时候能够完成？"

客户反馈："商品（或服务）有问题。"

在面对上述问题的时候，我们一定要及时回应，如果没有办法及时回应的，可以说：

"您好，请稍等，我们这边核实（确认）一下，再给您回复。"

在客户抱怨、发脾气的时候，要控制自己的情绪，不要反唇相讥，要急人所急，不要事不关己高高挂起。

对话二：交代有理据

在客户询问"产品是否寄出"之类问题的时候，需要主动提供细节信息，做到交代有理有据。比如：

"产品已经打单、出物流，下午寄出。这是物流信息。"

"产品正在装箱，预计明天早上打单、出物流。出物流之后，我们这边再把物流信息给到您。"

在线上进行商务沟通的时候，一定要做到交代有理有据，这样才不会因为中间缺乏信息出现什么问题。

对话三：慎用网络语言

在比较正式的线上商务交流中，要慎用网络语。比如：

"亲亲，出来吼一声！"
"咋还不来呢，亲？"
"完了，芭比Q了！"

很多网络用语适合轻松、日常的对话，但在严肃，甚至紧张的商务沟通中，频繁使用这些网络语，会给人一种不稳重的感觉。

知识小链接

网络语言

网络语言，指从网络中产生或应用于网络交流的一种语言，包括中英文字母、标点、符号、拼音、图标（图片）和文字等多种组合。网络语言能提高沟通效率、增强表达效果，所以渐渐成为人们网络生活不可或缺的一部分。但部分网络语言并不符合现代汉语语法，并不具备教学意义，无法引进教学领域。在严肃的沟通场合，尤其是在线上的商务沟通中，要尽可能少用或者不用网络语。

✓ 小贴士，讲道理

我们的社会，长久以来是以彼此的交情和对彼此的信任展开合作的。如果是比较大的合作，尤其在合作之初，只做线上沟通是远远不够的。但在合作的过程中，彼此已经建立了基本的信任关系，此时进行线上沟通，是合时宜的。但是，我们依旧要注意线上沟通的一些忌讳。

首先，要注意社交礼仪，比如慎用"在吗？""有空吗？""忙吗？""睡了吗？"……尽可能做到有话直说。

其次，不要抱怨，比如"我同事好烦""今天新车抛锚了，点儿背。烦死了"。

最后，尽量不要与客户闲聊与工作关系不大的事情。

第六章 接话素材积累

高情商接话，需要有丰富的语言文化积累做背书。我们在学习对话、接话的技能之后，需要将一些实用的素材整理出来，进行积累。本章涉及语言语素、思想文化各方面的内容。我们平时可以多看、多想，有一定的积累之后，才能在各种对话场合应对自如。

1. 那些优秀的开场白

（一）

★ "你好！我想认识你，但没有更好的方法，就直接过来跟你打个招呼，我叫××。"

★ "请问一下×××地方怎么走？"对方指路之后，你继续说，"其实我知道，我只是想认识你，但刚才感觉有点紧张。"

（二）

★ "春有百花秋有月，夏有凉风冬有雪。人生难得是相聚，共度人间好时节。"

★ "东方欲晓，莫道君行早。"

★ "踏遍青山人未老，风景这边独好！"

★ "致奋斗，虽然山高路远，但风光无限；敬梦想，纵使风云难测，但千回百转。"

★ "慢品烟火色，闲观岁月长，待得君到来，不负好时光。非常高兴即将和大家共度一段美好的时光。"

★ "海有舟可渡，山有路可行；此爱翻山海，山海皆可平。感谢各位穿越山海，为爱而来。"

★ "鸟有飞不了的高度，风有吹不到的边际，唯有梦想所向披靡、无所不能。梦想就是翅膀，用心就能飞翔。"

★ "春光不必趁早，冬霜不会迟到，一切都是刚刚好！欢迎大家在这美好的时刻，共同相聚在××公司开业庆典的活动现场。"

★ "世间的温柔，不过是'芳春柳摇染花香，槐序蝉鸣入深巷'，你一句春不晚，我就到了真江南。"

★ "翻山越岭只为一场遇见，全力以赴只为一次改变。总要有一种期待在别处，让你心中的热爱更加坚定！"

（三）

★ "各位领导、各位同人，大家晚上好！新年的钟声即将敲响，时光的车轮又留下一道深深的印痕。伴随冬的热情、我们满腔的喜悦，××年的元旦如约而至……"

★ "尊敬的各位来宾、各位亲朋好友，大家晚上好！月老含笑，天赐良缘；花开并蒂，绿阳新春——正是良宵美景时。在今天这个大喜的日子里，让我们为两位新人送上温暖、美好的祝福，祝他们新婚大喜、百年好合……"

2. 饭局这样说，人人都喜欢

（一）

★上司夸你，你就说："强将手下无弱兵嘛，我怎么能给您丢脸呢？"
★长辈夸你，你就说："谢谢！您的鼓励，就是我的动力。"
★朋友夸你，你就说："嗯？我发现你人长得好看也就算了，连说话都这么好听。"
★同事夸你，你就说："那可不，优秀的人都是混同一个圈子的，要不我怎么会认识你呢？"
★伴侣夸你，你就说："谢谢亲爱的，我这点水平与你的眼光相比，根本不值一提。"

（二）

有人说："看不出来啊，你酒量挺好的。"
★错误接话："哎呀，一般一般，没那么能喝。"
★高情商接话："您可抬举我了，我平时真不太能喝，这不今天和您一起吃饭高兴吗。这一高兴啊，酒量就上来了，就多贪了几杯。"

有人说："点这么多菜，您也太客气了。"
★错误接话："不多不多，不够再点。"
★高情商接话："您平时那么忙，难得约您一次，多点一点，也不知道符不符合您胃口。如果招待不周，请多多包涵啊。"

有人说："今天让您破费了。"
★错误接话："这是应该的，也没多少钱。"
★高情商接话："跟您一起吃饭，我倍感荣幸。今天这顿饭就是一点心意，以后咱们一起多聚聚，我还能多向您请教请教不是？"

（三）

★ "你认识的那个人也是我的朋友，我听他（她）说过，他对你很赞赏。"

★ "请问您有什么推荐的吗？"

★ "您的见解很独到，我以后会多多借鉴。"

★ "我一直知道您在这个领域有很大的影响力，您能向我推荐一些学习资源吗？"

★ "感谢您邀请我参加这次活动，我很开心能遇到您。"

3. 那些高情商，能说到人心坎里的话

（一）

★有的失望是无可避免的，但大部分的失望，都是因为你高估了自己。

★只有经济独立，才能说走就走；只有灵魂独立，才能有资本选择自己想要的伴侣和生活。

★尝试总比永远不敢开始强，把每一句"我不会"都改成"我可以学"——别在最美的年纪辜负最好的自己。

★你可以永远不喜欢你不喜欢的东西，但要允许它存在，因为它也有存在的权利。你可以继续讨厌自己讨厌的东西，但请允许别人喜欢它，因为别人有喜欢它的权利。

★人生，善待别人，也要记得善待自己。

★自己丰富，才能感知世界的丰富；自己善良，才能感知世界的美好；自己坦荡，才能逍遥于天地之间。

★一个人生气时说的话，往往才是真相。不要记恨说这话的人，因为他只是在用另一种方式让你看清楚自己。

★没有一份工作是不辛苦的，也没有一个年纪是不应该努力的。

★这个世界不存在"不会做""不能做"，只有"不想做"和"不敢做"。

★智商决定你的下限，情商决定你的上限。你说话让人舒服的程度，能决定你所能抵达的高度。

★有时候，生活不会马上把一切都告诉你，你需要耐心地等待。因为即便你向空谷喊话，也要等一会儿才能听到回音。

★身体健康，亲人安在，现世安稳，这就是你生命中最好的岁月。可惜你意识不到这一点，因为一点小事，心情就一团糟。

★这世界上，不存在没有意义的事情，哪怕是错误的事，也都很有意

义。你浪费的时间，年少做错的事情，都在让你成长。

★自己想要的东西，要么奋力直追，要么干脆放弃。别总是逢人就喋喋不休，平白做别人茶余饭后的笑料。

★爱情和礼物都不要开口去要，懂你的人才能配上你的余生。你总是担心失去谁，可谁又担心失去你。记住一句话：珍惜所有的不期而遇，看淡所有的不辞而别。

★生活总是这样，虽然不是处处都满意，但我们还是要热情地活下去。人活一生，值得爱的东西很多，不要因为一个不满意就灰心。

★没有人有义务透过你邋遢的外表，去发现你优秀的内在。你必须干净、整洁，甚至是精致，这是做人的根本与尊严，不分男女。

（二）

★逢人只说三分话，不可全抛一片心。

★尽己力，听天命。无愧于心，不惑于情。顺势而为，随遇而安。

★与其热闹着引人夺目，步步进逼，不如心有所定，只是专注做事。

★不管你活成什么样，都会有人背地里对你说三道四。让自己不断变强，就是对瞧不起你的人最好的蔑视。

★想得太多会毁了你，不必向不值得的人证明什么。我们努力生活得更好，是为了自己。

★时间是这个世界上最棒的桥梁，它能让执着的人选择离开，让痛苦过去、快乐到来。

★切莫交浅言深，不是内心认可的人，不必说太多。

★不论结局，感恩相遇。

★即使生气，也要装作淡定；即使不开心，也要努力微笑；即使悲伤，也只是偷偷的；即使在乎，也不要解释太多，这就是内心强大的人。

★选择善良，不是软弱，是因为因果不空，善恶终有报；选择宽容，不是怯懦，是因为宽容了他人就是宽容自己。

★这世上不存在感同身受，不要强求别人理解你，因为你也不理解别人。

（三）

★要懂得区分生活和爱情之间的关系，生活不是为了爱情而生，而爱情却依存于生活。你可以有一段糟糕的爱情，但不能放纵自己过一个烂透的人生。

★你所做的事情，也许暂时看不到成果，但不要灰心和焦虑，你不是没有成长，而是在扎根。

★如果你懂得珍惜，你会发现你获得的越来越多；如果你一味追求，你会发现你失去的越来越快。

★情出自愿，事过无悔，人生本来就没有相欠。别人对你付出，因为别人喜欢；你对别人付出，是自己甘愿。

★不想做的事可以拒绝，做不到的事不用勉强。只要不违背道德和法律，你都有选择的权利。

★你永远不知道自己在别人嘴里有多少个版本，所以做好你原本的样子就好。

★出去看看不同的风景，接触不同的人和事，你会发现，你的烦恼原来那么微不足道。

★生活如果不宠你，更要自己善待自己。这一生，风雨兼程，就是为了遇见最好的自己。

★人心都是相对的，以真换真；感情都是相互的，用心暖心。

4. 让批评的话更悦耳

（一）

★ "不够深入联系群众。"
★ "担当精神不足。"
★ "吃苦精神和进取精神不强。"
★ "不善于大胆、放手开展工作，对急、难、险、重工作存在畏难情绪。"

（二）

★ "你觉得可以吗？"
★ "这样能做吗？"
★ "如果我是你，我会……"
★ "最近×××做得很好，但是××项目有××问题。如果可以，×××一定能更上一层楼。"

（三）

★ 看到某同学上课无精打采，老师说："上课风都吹得倒，下课狗都撵不到。"
★ 下午第一节，学生都耷拉着脑袋，老师说："翻一翻皇历，今天是不是不宜上课？"
★ 面对不好好写字的学生，老师说："来！大家欣赏一下××同学的字体，是不是比他本人还厉害？"
★ 看到学生睡觉，老师说："老师真的替×××不值。从早睡到晚，还要跟大家一样交学费。"
★ 学生表现不好，老师说："×××同学在让我失望这件事情上，从来没让我失望过。"

5. 能让人心悦诚服的话

（一）

★ "即使这些你都不做，只要你在我身边，我就感到很满足了。"

★ "遇见你是命运的安排，成为朋友是我的选择，而爱上你是我无法控制的意外。"

★ "你给我留下的点点滴滴，永远记在我的脑海里面，怎么也忘不了。我越是挣扎，记忆就越深刻。"

★ "你多情的天空布满迷雾，我困在迷雾里失去了方向。"

★ "我可以放弃全世界，唯独不能放弃你。因为有了你，我就有了全世界。"

★ 和谁都别熟得太快，不要以为刚开始话题一致，共同点很多，你们就是相见恨晚的知音。语言很多时候都是假的，一起经历的才是真的。

★ 当你选定一条路，另一条路的风景便与你无关，感觉累就学会放空自己，没必要难为自己。

（二）

★ 真正有知识的人的成长过程，就像麦穗的成长过程：麦穗空的时候，麦子长得很快，麦穗骄傲地高高昂起；但是，麦穗成熟饱满时，它们开始谦虚，垂下麦芒。

★ 没有自缚的过程，就没有飞翔的可能；没有坎坷的经历，就没有七彩的人生；没有无悔的付出，就没有辉煌的人生。

★ 顾虑越多，失望就越多，别因为害怕就停止尝试。

★ 一滴水，只要坚持不懈地往下滴，终有一天会穿透顽石。经历得越多，人生就越精彩，也会少很多遗憾。

6. 求人办事时，让人难以拒绝的话

★ "这件事我是外行，确实没有办法。您是行家里手，希望您能帮我这个忙。"

★ "这件事您能否帮我办一下？"

★ "这件事本来不应该麻烦您的，我也知道您贵人事多，但我实在是想不到别的办法了，只好厚着脸皮来求您。"

★ "我的能力实在有限，这件事只有您能帮我办。"

★ "希望您能给指条路，成不成一切随缘，您也别太为难，就当交个朋友。"

★ "之前是我思考问题太片面了，缺乏大局观，望领导点拨点拨。"

7. 对联、诗词、谚语、俗语

（一）对联、诗词

★听烧爆竹童心在，看换桃符老兴偏。
★青山不墨千秋画，流水无弦万古琴。
★知音在霄汉，高步蹑华嵩。
★入春才七日，离家已二年。
★身在远藩无所预，心怀百忧复千虑。
★身比闲云，月影溪光堪证性；心同流水，松声竹色共忘机。
★一年滴尽莲花漏，碧井酴酥沈冻酒。
★山重水复疑无路，柳暗花明又一村。
★披襟对清朗，推分得天和。
★芝兰得气一庭秀，桃李成荫四海春。
★暗尘随马去，明月逐人来。
★鱼跃清波澈，莺啼众绿深。
★春蚕到死丝方尽，蜡炬成灰泪始干。
★龙钟还忝二千石，愧尔东西南北人！
★萧疏白发不盈颠，守岁围炉竟废眠。
★海日生残夜，江春入旧年。
★潮平两岸阔，风正一帆悬。
★畅怀年大有，极目世同春。
★心似双丝网，中有千千结。
★火树银花合，星桥铁锁开。
★人归落雁后，思发在花前。
★采菊东篱下，种桑长江边。
★鱼戏新荷动，鸟散余花落。

（二）半句封神，句句唯美

★ 人生若只如初见——何事秋风悲画扇。
★ 读书不觉已春深——一寸光阴一寸金。
★ 春宵一刻值千金——花有清香月有阴。
★ 上穷碧落下黄泉——两处茫茫皆不见。
★ 枝上柳绵吹又少——天涯何处无芳草。
★ 人有生老三千疾——唯有相思不可医。
★ 苍天不解人情暖——冷眼看花尽是悲。
★ 心酸纵有千百种——沉默不语最难过。
★ 半生风雨半身伤——半句别恨半心凉。
★ 不尝世间醋与墨——怎知人间酸与苦。
★ 粗缯大布裹生涯——腹有诗书气自华。
★ 因过竹院逢僧话——偷得浮生半日闲。
★ 冲天香阵透长安——满城尽带黄金甲。
★ 溪云初起日沉阁——山雨欲来风满楼。
★ 度尽劫波兄弟在——相逢一笑泯恩仇。
★ 我与春风皆过客——你携秋水揽星河。
★ 愿有岁月可回首——且以深情共白头。
★ 三生有幸遇见你——纵使悲凉也是情。
★ 既许一人以偏爱——愿尽余生之慷慨。
★ 渐行渐远渐无书——水阔鱼沉何处问。
★ 天涯地角有穷时——只有相思无尽处。
★ 只缘感君一回顾——使我思君朝与暮。
★ 此情应是长相守——你若无心我便休。
★ 与君相向转向卿——与君双栖共一生。
★ 不求与君同相守——只愿伴君天涯路。
★ 别来半岁音书绝——一寸离肠千万结。
★ 海底月是天上月——眼前人是心上人。
★ 风追落叶叶追尘——彩云追月月自明。
★ 纵是我心如红铁——也难融你千尺冰。
★ 寒灯纸上梨花雨凉——我等风雪又一年。

★人世间纵有百媚千红——唯独你是我情之所钟。

（三）谚语、俗语

★久住坡，不嫌陡。
★经一事，长一智。
★树老根多，人老识多。
★砍柴上山，捉鸟上树。
★耳听为虚，眼见为实。
★宁可做过，不可错过。
★头回上当，二回心亮。
★清明前后，种瓜点豆。
★口说无凭，事实为证。
★马看牙板，人看言行。
★不经冬寒，不知春暖。
★要知山中事，乡间问老农。
★要知父母恩，怀里抱儿孙。
★天上鱼鳞斑，晒谷不用翻。
★老马识路数，老人通世故。
★老人不讲古，后生会失谱。
★朝霞不出门，晚霞行千里。
★人在世上练，刀在石上磨。
★人行千里路，胜读十年书。
★人心隔肚皮，看人看行为。
★水落现石头，日久见人心。
★老牛肉有嚼头，老人言有听头。
★口说不如身到，耳闻不如目睹。
★千学不如一看，千看不如一练。
★三天不念口生，三年不做手生。
★鸡迟宿，鸭欢叫，风雨不久到。
★不挑担子不知重，不走长路不知远。
★春雾风，夏雾晴，秋雾阴，冬雾雪。
★一等二靠三落空，一想二干三成功。

★十年练得好文秀才，十年练不成田秀才。

★光说不练假把式，光练不说真把式，连说带练全把式。

★一天不练手脚慢，两天不练丢一半，三天不练门外汉，四天不练瞪眼看。

8. 普世哲理、思想谋略

宁静致远

宁静致远是一种境界，是一种追求永恒、超越尘世的理想。在这个物欲横流的世界上，我们经常为功名利禄、财富美色所困扰，我们需要学会宁心静气，保持内心的平静，以便更好地应对生活的挑战和变化。

知足常乐

知足常乐教导我们，人生不是追求无尽的财富和名誉的过程，而是一个追求内心平静和快乐的过程。这是一种智慧，它告诉我们，不必过分追求物质上的东西，只有尊重自己、知足常乐，才能真正实现心灵的平和和快乐。

和而不同

和而不同告诉我们，不必追求与他人完全一致的目标和做法。在不同的人、不同的环境下，我们需要学会互相理解、相互接纳和相互包容，以此来获得更好的沟通和合作。

随遇而安

随遇而安，是一种人生态度，也是一种处世哲学。人生充满变数和不确定性，我们不能一直处在自己的舒适区里。只有适应变化，才能更好地生活。随遇而安教会我们珍惜当下，不抱怨命运，而是学会从失败和挫折中吸取教训。这种态度能帮助我们更好地平衡自己的情绪和心态，处理人际关系。

欲速则不达

欲速则不达教导我们，不要急于求成，应该脚踏实地、一步一个脚印地前进。人生路漫漫，需要长远的眼光和执着的信念，才能真正取得成功。我们要学会在奋斗的道路上不断积累、不断进步，而不是盲目追求速成。

真金不怕火炼

真正的金子，即使放在火中烧也不会变色或变形。同样，一个人如果有真才实学和坚定的信念，即使面对困难和挑战，也不会轻易放弃或改变初衷。因此，我们要保持自己的原则和信念，勇敢地面对生活中的各种考验和挑战。

三人行，必有我师

与人相处，要学会谦虚谨慎，取长补短。在人际交往中，每个人都有自己的长处和短处。聪明的人，懂得从别人身上学习优点，弥补自己的不足。

塞翁失马，焉知非福

生活中的得失往往难以预料，有时候看似失去的东西，可能会带来意想不到的收获。因此，面对得失，我们要保持平常心，顺其自然。

海纳百川，有容乃大

大海之所以广阔无垠，是因为它能容纳百川之水。一个人要想成就大事，也必须具备宽广的胸怀和包容的心态。只有容得下别人的不同意见和看法，才能不断吸收新知识、新思想，不断进步。

壁立千仞，无欲则刚

一个人如果没有过多的欲望和杂念，就能保持内心的坚定和刚强，就像壁立千仞的山峰一样，不受外界风吹雨打的影响。因此，我们要学会控制自己的欲望和情绪，保持内心的平静和坚定。

人非圣贤，孰能无过

每个人都有犯错误的时候，关键是要勇于承认错误，并及时改正过来。因此，我们不要害怕犯错误，不要逃避责任，要勇于面对自己的不足，并积极改进提高。

不积跬步，无以至千里

任何事情，只有脚踏实地，一步一个脚印地往前走，才能最终到达目的地。成功没有捷径可走，唯有坚持不懈地努力。

读万卷书，不如行万里路

读书可以增长知识、开阔眼界，但实践出真知，行万里路更能让人深入了解社会、认识世界。因此我们要注重理论与实践相结合的学习方法，多走出去看看外面的世界，增长见识。

路遥知马力，日久见人心

长时间的相处和观察才能真正了解一个人的品性和能力，就像长途跋涉才能检验出一匹马的耐力一样。因此我们在与人相处时要保持耐心和细心，不要轻易下结论评价别人。

水至清则无鱼，人至察则无徒

水如果太清澈，就没有鱼生存的空间了；人如果太苛求完美，就没有朋友可交了。因此我们要学会宽容待人，包容别人的缺点和不足，同时也要学会接受自己的不完美之处。

第七章　察言观色，注意礼节

　　察言观色，是对话、接话的前提；而礼节，是与人交往基本的礼貌。在察言观色上，我们要能听懂别人的弦外之音，要能观察对方的性格，设置对话模式。在礼貌礼节上，我们要衣着得体，学会倾听，及时回应别人的文化，对人尊重有礼，有话就说。如果不注意察言观色、不注重礼貌礼节，可能还没开口就已经无法与人继续交流下去，影响我们的社交活动。

1. 注意倾听，倾听要专注

倾听的价值

人在倾诉的时候，可以宣泄自己的失意、抑郁和愤慨。倾诉能缓解失意者的焦虑，心理医生在进行治疗的过程中，倾听是非常重要的治疗方法。倾听不仅有治愈作用，还可以让你了解对方的心理，让你和对方之间形成一种良好的互动关系。

专注的价值

在你充满倾诉欲的时候，如果对方心不在焉，你的心情也一定会受到影响，甚至怀疑自己是不是不受欢迎。因此，我们在倾听的时候，切忌东张西望、眼神游离不定，我们要向对方传递一个信号——你对他所说的话是感兴趣的，你期待他继续说下去。如果需要安慰别人，可以用目光温柔、专注地注视着对方，用心去倾听，让对方感受到你的真诚。

正确的倾听方式

倾听的时候，不要急于插话。很多人在倾听的时候，会急于分享自己的故事，或者问对方问题，而插嘴说话。如果对方遭遇不幸，心情低落，向你倾诉自己的不幸？

你可以说

★ "这一定很难……"
★ "你的痛苦是我难以想象的。"
★ "你觉得还有什么其他选择吗？"
★ "遇到这种倒霉事，难怪你会愤怒和失望。"

你不能说

（1）"你一向很坚强。"

这会让对方觉得他不应该不坚强。

（2）"我完全能理解你的感受。"

有时候，这句话会激怒对方，让对方觉得"你不是我，怎么知道我的痛苦"？

（3）"你应该……"

安慰他人的时候，最好不要指手画脚。

（4）"总会好的，没什么大不了。"

这种安慰会给人一种站着说话不腰疼的感觉。

（5）"想开点儿……"

（6）"你还是很幸运的。"

这会让人觉得你在说他"身在福中不知福"。

良好的交流，是建立在倾听的基础上的。倾听是重要的礼节，代表你对对方的尊重和重视程度。而且在交流的过程中要注意：

★记住对方的名字。

★身体微微倾向对方，表示对对方的重视。

★注视对方，并保持微笑。

★适时点头、微笑或提出相关的问题。

★注意说话的语速。

2. 听懂弦外之音，及时反应

当只凭对方的行为、文字或语言，无法完全理解对方意图时，我们需要倾听对方的弦外之音，也就是通过对方的语气、表情、身体语言等综合因素来推断对方真正要表达的意思。弦外之音，是指文字、话语、肢体语言中，没有直接表露的、暗含深意的暗示。肢体语言，包括人的动作举止、体态手势、面目表情，能展现一个人的修养、为人处世的态度。

（1）要听懂别人的弦外之音，要注意以下几点。

★注意倾听。仔细听对方所说的话，包括对方措辞中词汇、句子结构和语气的变化。

★观察肢体语言。关注对方的表情、姿势、眼神、肢体动作等传递的信号，根据信号来理解对方的情感和观点。

★关注所处环境和背景。同样的语言，在不同的情况下会有不同的含义，因此我们需要根据所处环境和背景来推断对方的真正意图。

★提问确认。如果我们无法确定自己的判断，可以利用提问的方式来获取信息，以便更好地了解他们的观点和想法。

（2）很多弦外之音，都不会是太好的消息。因为好消息，一般不需要用如此隐晦的方式来表达。对方的弦外之音中，如果有需要及时处理的问题，正确的做法是：

★了解事实。不管需要采取什么行动，要确保自己已经了解背后的真相，做好充分的理论准备。如有必要，可以收集相关的信息和证据来支持我们的立场。

★自信冷静地表达自己的观点。在听懂别人的弦外之音后，要保持自信和冷静，选择合适的时间和场合表达清楚自己的观点和立场，消除不利因素。

★展示证据。在说服对方的时候，必要的情况下，不要犹豫，用事实和数据来支持我们的观点，增加说服力。

★沟通解决问题。用比较正式的方式，与对方展开富有建设性的对话，共同寻求解决问题的方案。

★寻求帮助。如有必要，可以寻求他人的意见、建议或专业支持。

（3）常见的弦外之音。

★双手外展：表示内心抗拒。

★双臂内收：表示对他人感到信任。

★双臂环胸：表示戒备，是一种自我保护的表现。

★用手拍头：表示自责、懊悔。

★抓头发：表示痛苦或懊恼。

★双手互搓：内心紧张。

★手掌向上伸开：表示希望对方拿来某样东西。

★摇手：表示想要打断对方，或者否定对方的说法。

我们在日常交流中，也可以刻意地使用一些肢体语言，当然要尽可能避免使用负面的肢体语言，以免给人留下不好的印象，或者产生不必要的误会。

3. 判断对方的性格，设置对话模式

不同的性格，适应和喜欢的对话模式是不一样的。我们在与别人对话的时候，如果能观察对方的言行举止，判断对方的性格，再根据对方的性格设置对话模式，将会极大地提高对话交流的效率。比如：经常保持目光接触的人比较自信，而交叉双臂则是防御姿势。

★语言、语气。能暗示这个人的性格，因为一个人的说话方式可以展现出一个人的思想、感情和个性。语气温柔、平和的人，可能在透露其富有同情心的本性。大声且有节奏的话语，能透露出一个人的热情或不耐烦。一个人选择的词语、构造句子的方式、具备的幽默感，都可以生动地展现出他们的个性。

★朋友、家人、生活状况。除了观察一个人的肢体语言、语速语态之外，还可以根据他的朋友、家人，以及生活状况来判断一个人的性格。比如，在社交场合他们是积极主动的，还是冷眼旁观，这能判断他们是富有同情心，还是冷静、具有逻辑性。

★兴趣爱好。人们在闲暇的时候选择做什么，可以告诉我们很多有关他的个人信息。因为兴趣爱好往往反映的是一个人更深层次的价值观和激情，可以为我们了解一个人的灵魂提供一个窗口。比如喜欢绘画或写作的人，可能具有创造性和丰富的想象力；热衷于运动的人，可能具有竞争性和团队意识。

★压力反应。压力能反映一个人的情绪恢复能力。可以观察他是直面挑战，还是退缩回避，是寻求朋友和家人的支持，还是更喜欢自己解决问题。

★面对成败的态度。在成功时，他是仁慈谦卑，还是自吹自擂；在失败时，他是振作起来并从经验中学习，还是沉迷其中并变得灰心丧气。

★责任感和道德感。可以观察一个人如何履行诺言、是否言出必行。在面临道德困境的时候，他们会如何反应。看他在面对压力的时候，是受到明确的道德的指引，还是在道德线上左右摇摆。

★学习方法和成长方法。一个人的学习方法和成长方法，能反映一个人获取技能的方式，能考验一个人的智力、智商和心态。

★对待自己的方式。一个人对待自己的方式，可以充分展现他的内心世界，反映他照顾自己的方式、内心的自尊程度，以及更深层次的信仰和价值观。

★直接询问。了解一个人最直接的方式，依旧是直接询问。我们不要过分相信某些总结得来的经验，因为人是复杂的，每个人和别人都有巨大的差异。在你提出问题之后，可以根据对方的回答方式，以及回答的内容，来判断对方的性格。

要记住，人是复杂的，上面这些观察只是帮助我们更好地理解别人的线索，并不能仅凭某个或某几个细节就草率地给人贴标签，把某个人归为某类人。这并不科学，也不够尊重人。

4. 着装得体，仪态大方

仪容要求

★发型得体。男士的头发，前不盖眉，侧不掩耳，后不及领；女士的头发，根据年龄、职业、场合的不同，梳理得当即可。

★面部清爽。男性每日剃须修面，女性宜淡妆；保持口腔清洁；表情自然，目光平和，嘴角略带笑意。

★手部干净、指甲整齐。定期修剪指甲。保持手部洁净。

★着装整洁合体、搭配协调。干净整洁，熨烫平整；穿着合体，纽扣齐全；款式、色彩、佩饰搭配协调；根据个人的性格、职业、身份、体形和肤色等特质，以及环境场合的因素，选择着装。

★西装。拆除袖口上的商标之后再进行穿着，西装外袋不存放随身物件。

★配饰。尊重文化和习俗。

体态要求

★站姿。挺胸收腹，两肩自然放平，两臂自然下垂，目视前方。

★坐姿。上身直立，双腿自然并拢。

★走姿。抬头、挺胸、收腹，双臂自然摆动，脚步轻盈稳健。

礼仪要求

★尊重他人。声音大小适宜，语调平和沉稳；态度要诚恳、亲切。

★用语礼貌。习惯使用"请""谢谢""对不起""您""久仰""久违""指教""借光""拜托"等敬语。

★谈话姿势。互相正视，互相倾听，不能东张西望，不要面带倦容、哈欠连天。

★谈吐。落落大方，语言清晰，语调平和。

人跟人交往的第一印象，着装仪态的作用非常大。我们需要根据不同的场合注意我们的着装，并在任何场合展现出得体的仪态。着装穿搭，可以非常快速地学习和改变。但仪容仪态，却是一个人长期生活习惯的反映。所以不论是私下，还是当着别人的面，我们都应该注重个人修养，将很多礼貌礼节性的要求融入个人的生活习惯当中，从内到外做一个有修养的人。

5. 餐桌禁忌

前文中，我们已经提到了有关餐桌上的一些忌讳，此处将它们再次汇总出来，并做详细解说，就是为了强调：餐桌，是讲究礼仪的地方，切不可在餐桌上做不合时宜的事情，影响自身形象的同时，也会对别人造成困扰。

★迟到。答应要赴的宴请或者约会，务必提前规划好时间。在接受邀请后，如果临时有事，需要推迟到场，或者取消约会，必须事先通知对方，不要别人都已经在赴约的路上，或已经在等待了再说。赴会的时候，稍迟一些，只要向对方做一个解释就能够获得原谅了。但超过15分钟还不到场，就给人留下不重视此次约会的坏印象。如果迟到时间比较长，要及时打电话沟通，告知对方什么原因耽误，需要多久才能到达。

★点餐说"随便"。在点餐的时候，如果别人问你要吃点什么，如果你有需要忌口的，最好如实告诉对方，有特别喜欢的菜，看过菜单后，可以适当点一两道。此时很忌讳说"随便"，因为这样不仅会让人感觉你在拒绝沟通、拒绝交际，还会让别人因为要帮你拿主意感到为难。而如果是你在给别人点餐，首先要问问别人有没有需要忌口的。如果具体点菜的时候对方说"随便"，你可以凭自己的判断挑选几个菜问问对方的意向，如果对方也觉得不错，那可以适当地替对方"做主"，不要强压别人点菜，这样也是十分失礼又令人尴尬的事情。

★用餐没仪态。用餐的时候，如果不注意餐桌礼仪，杯盘乱飞、刀叉叮当乱撞、嘴巴吧唧个不停，或者嘴里食物还没有咽下去就说话，或者嘴角挂着食物，手上也不干净……这些都是非常不文雅的事情。对很多人来说，一个没有餐桌礼仪的成年人是非常令人反感的。几乎不用进一步交流，就会给人"粗鲁""没有礼貌""没有修养"等印象，之后不管彼此是谈事还是做朋友，都很难进一步。

★醉酒、失态、闹事。在约会或者餐桌上，最忌讳失态，有的是因为醉酒失态，有的是因为情绪失控失态，有的是因为举止不当失态，严重的甚至当场闹事，惹出不必要的麻烦。要做到这些，平时就应该给自己做心理建设，确定自己在餐桌或和人约会相处的时候，如何做才得体，如何做是不对的。然后给自己一个限制，比如：超过一定限度，就不和别人争论；不因为一时之气打击报复别人；遇到那些不讲理的人，或者有暴力倾向的人，马上远离；如果发现自己失控，马上调整自己，让自己恢复平静；等等。

★爱摆架子。现代社会，大家讲究的是人人平等，虽然餐桌上讲究辈分、讲究主客，但那是礼仪，是一种相互尊重的表现。而自己，不管身份为何，在餐桌上都切记不要摆架子。有时候可能碍于你的身份，你摆一摆架子别人不会说什么，但是别人嘴上不说、面上不显，不代表心里不计较，不代表私下不评判。一个爱败家子的人，很难真正地获得别人的尊重，反而会遭人厌恶和鄙视，因为谁也不愿意面对并喜欢一个总觉得自己高人一等、爱臭摆架子的人。

★频繁劝酒。在餐桌上，频繁劝酒，会让别人认为你在有意刁难、整治别人，从而产生没必要的仇怨和敌意。频繁劝酒，如果自己喝，自己容易喝醉，可能活动还没有结束，自己就喝倒了；如果自己不喝，光让别人喝，更是不礼貌的行为。

6. 餐桌礼仪

★长者坐定后，自己再入座。

★女士坐定后，自己再入座。

★主动与邻座的人打招呼，并适当交谈。

★主家离席，宾客再离席。

★餐具摆放整齐，不要凌乱放置。

★坐姿要端正，与餐桌保持合适的距离。

★不宜抽烟，如需抽烟，可以离座去吸烟区抽；离座时间不要太久。

★倒水、盛汤，动作小心谨慎，避免溅到别人身上。

★给别人取菜舀汤，使用公筷、公匙。

★吃饭细嚼慢咽，不要大口塞、满口吞。

★喝酒各自随意，敬酒礼到为止，切忌劝酒、吆喝。

★进餐速度，与大家大致相同，不宜太快，也不宜太慢。

★同桌有孩子或女性，要注意言辞，避免儿童不宜或骚扰女性的言辞。

★添水倒茶、拿纸巾，别只顾着自己，也照顾到邻桌（或同桌其他人）。

★关心身边的人，尤其是喝多的人，给他拿一杯酸奶、一杯热水、一条热毛巾，都能体现你的关心。

★食物残渣不要乱扔，固定放在一个盘子中，或者放在餐巾纸垫上，可进行适当掩盖，避免不雅观。